2학년

논리가 술술 톡톡

EBS 논술톡의 구성과 특장

1 『EBS 논술톡』은 생각하는 힘을 키우는 독서 논술 교재입니다.

『EBS 논술톡』은 초등학교의 단계별 특징에 맞는 문제를 해결하면서 자기주도적으로 학습할 수 있는 워크북 형식의 초등 독서 논술 교재입니다. 또한 초등학교 학생들의 논리적인 사고력과 창의적인 사고력을 향상시켜 주는 읽기와 쓰기 활동을 강화하였습니다. 초등학교 때 읽기와 쓰기 활동을 통하여 습득한 논리적인 사고력과 창의적 사고력은 모든 교과 학습의 바탕이 되고 사람다운 사람으로 성장하는 데 큰 자양분이 됩니다.

2 『EBS 논술톡』은 창의 인성 교육에 부응하는 독서 논술 교재입니다.

『EBS 논술톡』은 최근 창의 인성 교육의 필요성에 부응하여 나·가족, 학교, 이웃·동네, 국가·세계 등 4개의 대영역으로 구분하고, 인성 덕목 18개의 가치 요소로 나누어 학년별로 체계화하여 제시하였습니다. 인성 덕목 18개의 가치 요소는 학년별 특성에 맞도록 구성하여 하나의 주제로 이야기 글, 기타 글, 논술 주제로 구분하였습니다. 또 소주제를 제시하여 동화, 칭찬하는 글, 기사문, 광고문 등의 특성에 맞게 짜임새 있는 글로 조직하여 학생들에게 전달하고, 그 의미를 생각하게 하며, 이를 어떻게 읽고 자기 것으로 소화시킬 것인지 그에 대한 방법을 제시합니다.

구분	나·가족	학교	이웃·동네	국가·세계
1학년	효도	존중	협동	애국심
	사랑의 표현	사이좋은 친구	서로 돕는 우리	자랑스러운 우리나라
2학년	존중	배려	공익	자연애
	소중한 나	사이좋은 친구들	함께하는 우리	하나뿐인 지구
3학년	효도	책임	협동	애국심
	나의 사랑, 부모님	내 생활의 주인은 나	작은 힘도 모으면 큰 힘	나라 사랑 큰 나무
4학년	성실	자율	인류애	생명 존중
	내 마음 속 진심	나를 찾는 술래잡기	더불어 살아가는 우리	생명 사랑의 실천
5학년	통일의지	정의	존중	준법
	이산가족의 아픔	두 얼굴의 학교생활	모두를 위한 세상	법사랑 행복사회
6학년	절제	성실	예절	평화
	나와의 약속	성공의 열쇠	우리말 나들이	하나 된 지구촌

3 『EBS 논술톡』은 단계별 활동 중심의 독서 논술 교재입니다.

『EBS 논술톡』은 단순히 글을 읽고 써 보는 활동이 아닌, 각 소주제에 따라 생각틔우기, 생각키우기, 생각피우기, 생각퍼뜨리기의 4단계로 구성하여 읽고 쓰고 생각하는 활동을 하나의 과정으로 통합하여 제시하였습니다.

생각 틔우기 ☺

글을 읽기 전에 글의 배경을 먼저 알아 보고, 자신의 경험을 생각하며 낱말을 익히는 활동을 합니다.

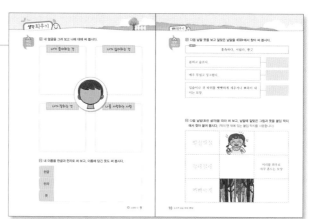

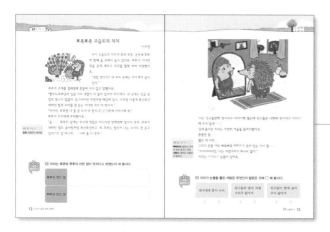

생각 키우기

일정한 기준에 따라 글의 내용을 정리하며 글이 어떻게 연결되고 짜여 있는지 파악해 보고, 자신의 느낌과 생각을 표현해 보는 활동을 합니다.

생각 피우기 ☺

글의 주제나 중심 생각 등에 대해 알아보고 예측해 보는 활동과 자신의 생활과 비교해 보며 글의 내용을 파악하고 확인하는 활동을 합니다.

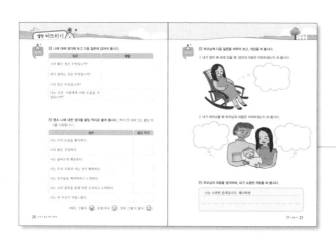

생각 퍼뜨리기

생각피우기에서 정리하고 표현한 내용을 형식화하고 일반화하는 과정을 통해 주제에 맞게 글을 써 보고 작품화하는 활동을 합니다.

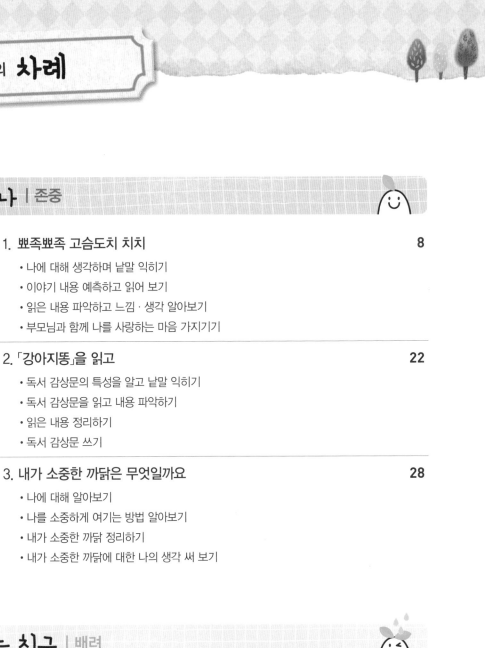

C 함께하는 우리 | 공익

D 하나뿐인 지구 | 자연애

소중한 나

존중은 나와 다른 사람에게 관심을 갖고 보살피며 다른 사람의 마음을 이해하는 것입니다.

A-1 뾰족뾰족 고슴도치 치치

공부할 문제

「뾰족뾰족 고슴도치 치치」를 읽고, 나를 사랑하는 마음을 다져 봅시다.

생각 틔우기

배경
지식

1 내 얼굴을 그려 보고 나에 대해 써 봅시다.

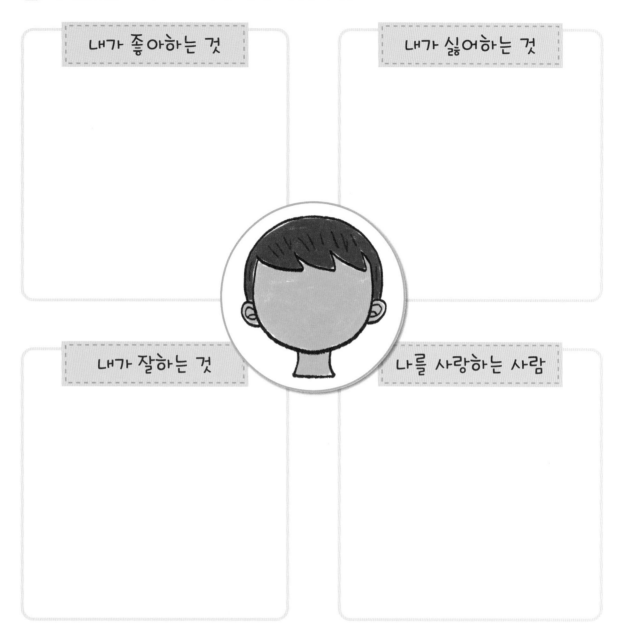

내가 좋아하는 것	내가 싫어하는 것

내가 잘하는 것	나를 사랑하는 사람

2 내 이름을 한글과 한자로 써 보고, 이름에 담긴 뜻도 써 봅시다.

한글		
한자		
뜻		

낱말 익히기

1 다음 낱말 뜻을 보고 알맞은 낱말을 **보기**에서 찾아 써 봅시다.

> **보기**
>
> 흉측하다, 서럽다, 쫑긋

분하고 슬프다.	
매우 무섭고 징그럽다.	
입술이나 귀 따위를 빳빳하게 세우거나 뾰족이 내미는 모양.	

2 다음 낱말(흐린 글자)을 따라 써 보고, 낱말에 알맞은 그림과 뜻을 붙임 딱지에서 찾아 붙여 봅시다. (책의 맨 뒤에 있는 붙임 딱지를 사용합니다.)

방실방실		
절레절레		머리를 좌우로 자꾸 흔드는 모양
빽빽하게		

예측하기

이야기의 3요소
- 인물: 이야기에서 어떤 일을 겪는 사람이나 사물
- 사건: 이야기에서 일어나는 일
- 배경: 이야기에서 일이 일어나는 시간과 장소

1 다음 책의 표지와 그림을 보고 물음에 답하여 봅시다.

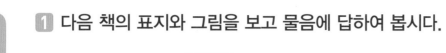

1 어떤 등장인물이 나올지 짐작하여 써 봅시다.

_____

2 어디에서 벌어지는 일일지 짐작하여 써 봅시다.

_____

3 어떤 일이 일어날지 짐작하여 써 봅시다.

고슴도치가 _____

_____

뾰족뾰족 고슴도치 치치

이주영

아기 고슴도치 치치가 토끼 루루, 공작새 투투와 함께 숲 속에서 놀고 있어요. 투투가 기다란 목을 곧게 세우고 꼬리를 활짝 펴며 자랑했어요.

"정말 멋지지? 내 꼬리 속에는 무지개가 숨어 있지."

루루가 고개를 절레절레 흔들며 지지 않고 말했어요.

"빨주노초파남보 일곱 가지 색깔이 다 들어 있어야 무지개지. 네 날개는 일곱 빛깔로 빛나지 않잖아. 동그라미만 주렁주렁 매달려 있지. 나처럼 이렇게 폭신폭신 새하얀 털과 소리를 잘 듣는 기다란 귀가 더 멋지지."

"치치야, 루루랑 나 둘 중 누가 더 멋지니? 공정하게 이야기해 줘."

투투가 치치에게 부탁했어요.

"음……. 투투의 날개는 무지개 색깔은 아니지만 반짝반짝 빛나서 멋져. 루루의 새하얀 털도 솜사탕처럼 폭신폭신하고. 또 루루는 멀리서 나는 소리도 잘 듣고 달리기도 잘 하니까…… 너희 둘 다 멋져."

이런 말 이런 뜻
공정: 공평하고 올바름.

내용
파악하기

1 치치는 루루와 투투의 어떤 점이 멋지다고 하였는지 써 봅시다.

루루의 멋진 점	
투투의 멋진 점	

'나는 친구들한테 멋지다고 이야기해 줬는데 친구들은 나한테 멋지다고 이야기
해 주지 않네…….'

집에 돌아온 치치는 가만히 거울을 들여다봤어요.

통통한 몸.

짧은 네 다리.

그리고 온몸 가득 삐죽삐죽 빽빽하게 솟아 있는 가시 털…….

"으아아아아앙. 나는 자랑거리가 하나도 없어."

치치는 서러워서 눈물이 났어요.

이런 말 이런 뜻
빽빽하게: 틈이나 간격
이 매우 좁거나 작게.
서럽다: 분하고 억울하
고 슬프다.

내용
파악하기

2 치치가 눈물을 흘린 까닭은 무엇인지 알맞은 것에 ○ 해 봅시다.

엄마에게 혼이 나서	친구들과 달리 자랑거리가 없어서	친구들이 함께 놀아주지 않아서
( )	( )	( )

치치의 울음소리를 들은 엄마가 깜짝 놀라 달려오셨어요.

"치치야, 무슨 일이니?"

치치는 거울을 흘끔 쳐다보며 울먹였어요.

"엄마! 나는 왜 투투처럼 빛나는 날개가 없어요? 루루처럼 빨리 달리지도 못하고……. 가시 털이 제일 싫어. 엄마도 가시투성이인 나를 낳느라 몸이 많이 아팠지요? 내가 예쁜 아기가 아니어서 마음도 아팠지요?"

"우리 치치가 얼마나 사랑스러운데. 치치야, 치치가 갓 태어났을 때는 몸에 가시가 하나도 없었단다. 엄마도 마찬가지고. 우리 고슴도치들은 엄마 배 속에 있을 때는 피부 속에 가시를 숨기고 있다가 태어난 지 3일 정도 되면 가시가 나오기 시작하지. 아기 때는 온몸이 우리 치치 배처럼 보드랍단다."

"그런데 왜 자라면서 이렇게 흉측한 가시가 돋아나요? 나도 루루처럼 보드랍고 새하얀 털을 갖고 싶어요."

"치치야, 치치도 언젠가는 토끼나 공작새처럼 충분히 멋지다는 사실을 알게 될 거야. 자라면서 가시가 점점 단단해질수록 말이야."

이런 말 이런 뜻

흘끔: 곁눈으로 슬그머니 한 번 보는 모양.

내용
파악하기

3 치치 엄마가 치치에게 "치치도 언젠가는 토끼나 공작새처럼 충분히 멋지다는 사실을 알게 될 거야."라고 말씀하신 까닭은 무엇일지 써 봅시다.

_____

4 빈칸에 알맞은 낱말을 이 글에서 찾아 써 봅시다.

나는 배가 너무 고파서 짝꿍이 가지고 온 간식을 자꾸 [ ][ ] 쳐다보았다.

날이 밝았어요.

"치치야, 학교 가자!"

루루가 치치를 찾아왔어요. 루루와 치치, 투투는 산 너머에 있는 학교에 다니고 있지요.

"투투는?"

"투투는 먼저 갔어."

루루가 방실방실 웃으며 말했어요.

그때였어요. 루루의 기다란 귀가 쫑긋 섰어요.

"무슨 소리지? 바람 소리인가?"

"으악! 독수리다!"

멀리서 독수리 한 마리가 바람을 가르며 치치와 루루를 향해 날아오고 있었어요.

"루루야! 엎드려!"

치치가 다급하게 외쳤어요. 루루가 바닥에 바싹 엎드리자 치치가 루루의 등 위에 재빨리 올라탔어요.

이런 말 이런 뜻

방실방실: 입을 살짝 벌리고 소리없이 밝게 웃는 모양.

내용 파악하기

5 독수리가 다가오고 있을 때 치치가 루루의 등 위에 올라탄 까닭은 무엇일지 써 봅시다.

치치는 네 다리를 배 부위에 모아 몸을 공처럼 둥글게 만들었어요. 그리고는 가시를 한껏 뾰족하게 세웠지요. 독수리가 다가와 치치와 루루를 낚아채려고 했어요. 하지만 치치가 온몸으로 루루를 감싸는 바람에 치치만 낚아채 날아갔답니다.

"치치야! 치치야!"

루루가 발을 동동 구르며 치치를 불렀어요.

"앗, 따가워!"

한참을 날아가던 독수리가 고통스러워하면서 외쳤어요. 그리고는 치치를 땅에 내동댕이쳤어요. 치치의 몸에 나 있는 빽빽한 가시가 독수리의 발바닥을 찌른 것이지요.

"으아아아악!"

치치는 높은 하늘에서 땅으로 데굴데굴 굴러 떨어지면서 소리를 질렀어요.

루루가 달려와 조심스럽게 물었어요.

"치치야, 괜찮니? 정말 고마워. 다친 곳은 없니?"

"응. 아무렇지도 않아. 하나도 다치지 않았어."

빽빽한 가시가 마치 쿠션처럼 치치를 보호해 준 것이지요.

"와! 치치야, 네 몸에 난 가시는 마치 갑옷 같아. 정말 멋지구나."

"그러니? 투투의 꼬리보다 더?"

"당연하지!"

치치의 마음에 두둥실 무지개가 떴어요.

이런 말 이런 뜻

낚아채다: 무엇을 갑자기 세차게 잡아당기다.
내동댕이치다: 아무렇게나 힘껏 마구 내던지다.

내용 파악하기

6 이 글의 내용으로 알맞으면 ○, 알맞지 않으면 ✕ 해 봅시다.

독수리가 치치와 루루를 낚아챘다.	치치는 가시 덕분에 다치지 않았다.	루루가 치치의 가시에 찔려 다쳤다.
( )	( )	( )

생각 피우기

내용 정리하기

1 이 글의 내용을 생각하며 빈칸에 알맞은 말을 써 봅시다.

등장인물	
일이 일어난 곳	

2 일이 일어난 순서를 생각하며 빈칸에 알맞은 붙임 딱지를 찾아 붙여 봅시다.
(책의 맨 뒤에 있는 붙임 딱지를 사용합니다.)

고슴도치 치치, 토끼 [ ], 공작새 [ ] 가 숲 속에서 놀고 있었어요.

⬇

치치가 친구들의 날개, 보드라운 털, 달리기 실력 등을 부러워하며 울자

⬇

독수리가 날아와 치치와 루루를 낚아채려고 할 때

⬇

A 소중한 나 **17**

1 다음 장면에서 치치의 마음이 어떠하였을지 선으로 이어 봅시다.

"치치야, 루루랑 나 둘 중 누가 더 멋지니? 공정하게 이야기해 줘."

●

● 항상 못마땅하게 생각했던 빽빽한 가시로 친구를 보호하고, 친구에게 인정받아서 정말 뿌듯했어요.

통통한 몸. 짧은 네 다리. 온몸 가득 삐죽삐죽 빽빽하게 솟아 있는 가시 털.

●

● 친구들보다 못난 내 모습에 화도 나고 서러워서 눈물이 났어요.

루루가 바닥에 바싹 엎드리자 치치가 루루의 등 위에 재빨리 올라탔어요.

●

● 자신감 넘치는 친구들의 모습이 부러웠고, 친구들이 나만 쏙 빼놓고 이야기해서 슬펐어요.

치치의 마음에 두둥실 무지개가 떴어요.

●

● 나보다 친구가 더 걱정됐고, 순간 내 가시가 도움이 될 수 있겠다는 생각이 들었어요.

2 다음 장면을 보고 고슴도치 치치에게 해 주고 싶은 말을 써 봅시다.

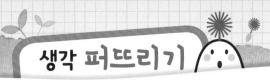

1 나에 대해 생각해 보고 다음 질문에 답하여 봅시다.

질문	대답
나의 좋은 점은 무엇입니까?	
내가 잘하는 것은 무엇입니까?	
나의 꿈은 무엇입니까?	
나는 다른 사람에게 어떤 도움을 주었습니까?	

2 평소 나에 대한 생각을 붙임 딱지로 붙여 봅시다. (책의 맨 뒤에 있는 붙임 딱지를 사용합니다.)

질문	붙임 딱지
나는 나의 모습을 좋아한다.	
나의 몸은 건강하다.	
나는 올바르게 행동한다.	
나는 우리 가족과 사는 것이 행복하다.	
나는 친구들을 배려하려고 노력한다.	
나는 나의 잘못을 알게 되면 고치려고 노력한다.	
나는 내 자신이 자랑스럽다.	

(매우 그렇다: 😄, 보통이다: 🙂, 전혀 그렇지 않다: 😣)

1 부모님께 다음 질문을 여쭈어 보고, 대답을 써 봅시다.

1 내가 엄마 배 속에 있을 때, 엄마의 마음은 어떠하셨는지 써 봅시다.

2 내가 태어났을 때 부모님의 마음은 어떠하셨는지 써 봅시다.

2 부모님의 마음을 생각하며, 내가 소중한 까닭을 써 봅시다.

나는 소중한 존재입니다. 왜냐하면

A-2 「강아지똥」을 읽고

공부할 문제
독서 감상문의 특성을 알고, '「강아지똥」을 읽고'를 읽어 봅시다.

생각 틔우기 ☺

독서
감상문

이런 말 이런 뜻

독서 감상문: 책을 읽고 느낀 점이나 자신의 생각 등을 자유롭게 표현하는 글.
동기: 어떤 일이나 행동을 일으키게 하는 계기.

1 독서 감상문에 들어갈 내용으로 알맞은 것에 ◯ 해 봅시다.

> 책 내용   책을 같이 읽은 친구
>
> 책의 가격   책을 읽고 난 뒤의 생각이나 느낌
>
> 책을 읽게 된 동기   책 뒷부분에 이어질 내용

2 독서 감상문의 특징을 정리하려고 합니다. 보기 에서 알맞은 낱말을 찾아 빈 칸에 써 봅시다.

> 보기
>
> 정보,   동기,   생각,   느낌

1 독서 감상문은 책을 읽고 난 뒤에 자신의 [ ][ ]이나 [ ][ ]을 표현한 글이다.

2 독서 감상문에는 책을 읽게 된 [ ][ ]나 책 내용, 책을 읽고 난 뒤의 생각이나 느낌 등을 쓸 수 있다.

3 독서 감상문을 쓰면 읽은 책에 대하여 다시 한번 [ ][ ]할 수 있다.

4 다른 사람의 독서 감상문을 읽으면 새로운 책에 대한 [ ][ ]를 얻을 수 있다.

「강아지똥」을 읽고

장영빈(대전 지족초등학교)

■ 출처
『2014년 글사랑의 샘』
/ 대전학생교육문화원

선생님께서 권정생의 「강아지똥」은 정말 좋은 책이라고 소개해 주셔서 이 책을 읽고 친구들과 스토리텔링도 하고 독서 토론도 했다.

이 글의 시작은 강아지 흰둥이가 골목 담벼락 밑에 똥을 눈 후부터 이야기가 시작되는데, 주인공이 책 제목처럼 강아지똥인 이유다. 「강아지똥」은 주인공인 강아지똥을 친구들이 더럽다고 무시하고 싫어했지만 민들레에게 거름이 되어 주어 별 같은 예쁜 꽃을 피우게 하는 내용이다.

처음엔 참새가 날아와 부리로 '콕콕' 쪼았지만 더럽고 맛없다며 버리고 가 버렸다. 다음에 만난 것은 달구지에서 떨어진 흙덩이였다. 하지만 농부 아저씨는 떨어진 흙덩이도 자기 밭에서 온 소중한 흙이라며 다시 되돌아와 가지고 갔다. 강아지똥은 그 모습이 너무나도 부러웠고 초라한 자기 자신이 불쌍하게 느껴졌다.

'아니야! 강아지똥 너도 쓸모가 있을 거야! 힘내라.'

나는 강아지똥을 무시하는 참새가 너무나 얄미웠다. 겨울이 가고 봄이 오자 병아리와 어미 닭도 강아지똥을 보고 쓸모없다며 그냥 가 버렸다. 나는 병아리와 어미 닭도 아주 얄미웠다.

이런 말 이런 뜻

스토리텔링: 상대방에게 알리고자 하는 것을 재미있고 생생하게 이야기하는 것.

독서 토론: 책을 읽고 그 책을 주제로 서로의 생각을 이야기하는 것.

달구지: 말이나 소가 끄는 수레.

초라하다: 겉모양이나 옷차림이 보잘것없어 보인다.

얄밉다: 말이나 행동이 약삭빠르고 밉다.

내용 파악하기

1 글쓴이는 누구의 소개로 책을 읽게 되었는지 써 봅시다.

2 글쓴이는 왜 참새, 병아리, 어미 닭이 얄미웠는지 써 봅시다.

_____

_____

그런데 민들레는 달랐다. 봄비가 내리자 강아지똥 앞에 파란 민들레 싹이 돋아났다. 강아지똥은 예쁜 꽃을 피운다는 민들레꽃을 한없이 부러워했다. 강아지똥이 민들레에게 예쁜 꽃을 피우기 위해선 비와 따뜻한 햇볕 그리고 거름이 필요하다는 말과 민들레가 예쁜 꽃을 피우는 데 강아지똥이 꼭 필요한 존재라는 말을 듣고 너무나도 기뻐할 때 내 마음도 기쁘고 환하게 밝아졌다.

"어쩌면 민들레야, 넌 정말 예쁜 꽃처럼 마음도 예쁘구나!"

기뻐하는 강아지똥을 보니 나도 한없이 기뻤다.

"그 봐! 강아지똥! 너도 쓸모가 있잖아? 예쁜 꽃을 피우는 데 네가 거름이 되면 민들레꽃을 피울 수가 있다잖아?"

강아지똥은 자신이 아무 소용도 없는 존재인 줄 알았는데 예쁜 꽃을 피우는 데 꼭 필요한 존재란 사실이 너무나도 기뻐서 민들레를 꼬옥 껴안고 비에 젖어 거름이 되어 민들레 뿌리로 모여들었다.

그리고 향긋한 꽃 냄새를 풍기는 아름다운 민들레꽃을 피웠다. 그 꽃은 강아지똥의 사랑이 가득한 꽃이다.

비록 지금은 어느 곳에도 필요 없고 남을 도와줄 수도 없는 하찮은 존재 같지만 누군가에게는 소중한 존재일 수도 있다.

나를 희생해서 남을 도와주면 몸과 마음은 힘들지 모르지만 좋은 결과를 얻는다면 매우 뿌듯할 것 같다.

나도 지금은 강아지똥처럼 어리고 힘이 약한 어린이지만 열심히 공부하고 운동하며 튼튼하게 자라 언젠가는 남을 도울 수 있는 훌륭한 사람이 되어야겠다.

이런 말 이런 뜻
존재: 실제로 있는 사물이나 사람.
쓸모: 쓰이게 될 분야나 가치.
희생: 다른 목적을 위해 자신의 목숨이나 재산 등을 바치거나 버림.

3 글쓴이가 강아지똥에게 해 주고 싶은 말은 무엇인지 이 글에서 찾아 밑줄을 그어 봅시다.

4 글쓴이가 「강아지똥」을 읽고 한 다짐을 찾아 밑줄을 그어 봅시다.

1 다음은 독서 감상문의 일부분입니다. 독서 감상문에 들어갈 내용 중 무엇에 해당하는지 ◀보기▶에서 찾아 빈칸에 써 봅시다.

┌─ 보기 ─────────────────────────────────┐
책 내용, 책을 읽고 난 뒤의 생각이나 느낌, 책을 읽게 된 동기
└──────────────────────────────────────┘

독서 감상문의 특징
• 책을 읽고 난 뒤에 자신의 생각이나 느낌을 표현한 글이다.
• 독서 감상문을 쓰면 읽은 책에 대하여 다시 한번 생각할 수 있다.
• 다른 사람의 독서 감상문을 읽으면 새로운 책에 대한 정보를 얻을 수 있다.

선생님께서 권정생의 「강아지똥」은 정말 좋은 책이라고 소개해 주셔서 이 책을 읽고 친구들과 스토리텔링도 하고 독서 토론도 했다.

이 글의 시작은 강아지 흰둥이가 골목 담벼락 밑에 똥을 눈 후부터 이야기가 시작되는데, 주인공이 책 제목처럼 강아지똥인 이유다. 「강아지똥」은 주인공인 강아지똥을 친구들이 더럽다고 무시하고 싫어했지만 민들레에게 거름이 되어 주어 별 같은 예쁜 꽃을 피우게 하는 내용이다.

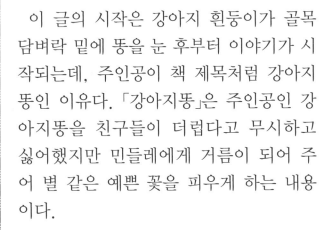

비록 지금은 어느 곳에도 필요 없고 남을 도와줄 수도 없는 하찮은 존재 같지만 누군가에게는 소중한 존재일 수도 있다.
나를 희생해서 남을 도와주면 몸과 마음은 힘들지 모르지만 좋은 결과를 얻는다면 매우 뿌듯할 것 같다.

글쓰기

1 앞에서 공부한 내용을 바탕으로 독서 감상문을 써 봅시다.

자신이 읽은 책 중 기억에 남는 책을 떠올려 독서 감상문을 써 봅시다.

제목:「　　　　　　　　　　　　　　　　　　　　　　」을(를) 읽고

A-3 내가 소중한 까닭은 무엇일까요

공부한 날 _____년 _____월 _____일

공부할 문제 내가 소중한 까닭에 대한 나의 생각을 써 봅시다.

 배경 지식

1 거울을 보고 내가 가장 자신 있는 부분을 크게 그려 봅시다. 그리고 다음 물음에 답하여 봅시다.

거울을 보면서 자신의 얼굴과 몸을 관찰합니다. 그런 다음 가장 자신 있는 부위나 그리고 싶은 부위를 크게 그려 봅시다.

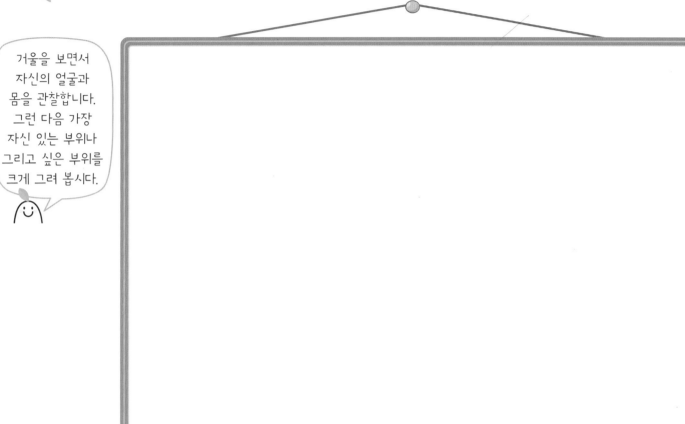

1 내가 가장 자신 있는 부분과 그 까닭은 무엇인지 써 봅시다.

_____

2 나는 누구를 닮았는지 써 봅시다.

_____

3 내가 잘하는 것은 무엇인지 써 봅시다.

_____

2 나에 대한 글을 완성해 봅시다.

내 이름은 ⬜ 입니다.

나는 ⬜ 년 월 일 에 태어났습니다.

내가 가장 좋아하는 것은 ⬜ 이고,

내가 가장 싫어하는 것은 ⬜ 입니다.

나는 ⬜ 을(를) 사랑하고,

⬜ 때 가장 행복합니다.

3 친구에 대한 글을 완성해 봅시다.

> 내가 좋아하는 친구에게 직접 물어보고 글을 완성해 봅시다.
> ☺

내 친구의 이름은 ⬜ 입니다.

내 친구는 ⬜ 년 월 일 에 태어났습니다.

내 친구가 가장 좋아하는 것은 ⬜ 이고,

내 친구가 가장 싫어하는 것은 ⬜ 입니다.

내 친구는 ⬜ 을(를) 사랑하고,

⬜ 때 가장 행복해합니다.

미운 오리 새끼

안데르센 지음

① 어느 화창한 날, 엄마 오리가 알을 품고 있었습니다. 얼마 후 귀여운 새끼 오리들이 알을 깨고 나왔습니다.

② 그런데 마지막 알에서 이상하게 생긴 잿빛의 미운 오리가 나왔습니다. 미운 오리는 다른 동물들에게 놀림을 받았습니다.

③ 미운 오리 새끼는 동물들의 구박을 피해 달아나다 사냥꾼을 피해 어느 농가에 갔습니다. 하지만 닭처럼 알을 낳을 수 없어 쓸모 없다는 잔소리를 들었습니다.

④ 농가에서 나온 미운 오리 새끼는 하늘을 날아가는 크고 하얀 백조들을 보고 그 모습이 잊히지 않았습니다.

⑤ 미운 오리 새끼는 춥고 배고픈 것을 참으며 겨울을 지내고 봄이 오자 날개를 퍼득거렸습니다. 그러자 몸이 하늘 높이 두둥실 떠올랐습니다.

문제해결 방법알기

1 「미운 오리 새끼」의 내용을 떠올리며 물음에 답하여 봅시다.

1 미운 오리 새끼는 왜 동물들에게 놀림을 당했는지 써 봅시다.

_____

2 미운 오리 새끼는 커서 무엇이 되었는지 써 봅시다.

_____

3 이야기의 마지막 내용을 써 봅시다.

_____

2 어려움을 극복하고 꿈을 이룬 사람들의 어렸을 적 모습을 선으로 이어 봅시다.

헬렌켈러

●   ● 나는 어렸을 적 병에 걸려 시각과 청각을 잃었어.

반기문

●   ● 나는 초등학교에서 3개월 만에 퇴학을 당하고, 집안이 가난해서 기차에서 신문과 과자를 팔았어.

에디슨

●   ● 나는 가정 형편이 어려워서 책이 너덜너덜해질 때까지 같은 책을 여러 번 읽었어.

이런 말 이런 뜻

헬렌켈러: 여성 인권 운동가 등 세계적인 유명 인사로 수많은 명예 학위를 받았다.

반기문: 대한민국 출신의 8대 UN 사무총장.

에디슨: 미국의 발명가로 특허 수가 1,000종이 넘으며, 백열전구를 개선 및 발전시켰다.

시각: 눈으로 보는 감각.

청각: 소리를 느끼는 감각.

퇴학: 다니던 학교를 그만둠.

 3 나를 소중히 여기는 방법으로 알맞은 것에는 ☺, 알맞지 않은 것에는 ><
를 붙여 봅시다. (책의 맨 뒤에 있는 붙임 딱지를 사용합니다.)

■ 나를 자랑스럽게 생각하기	
■ 오늘 해야 할 일에 최선을 다하기	
■ 미운 친구에게 욕하기	
■ 내가 좋아하는 음식만 골라 먹기	
■ 시험 점수가 나쁜 나를 미워하기	
■ 규칙적으로 운동하기	
■ 나는 왜 달리기를 못할까 슬퍼하기	
■ 내가 잘하는 것을 찾아 더욱 노력하기	
■ 부모님께 감사하기	

4 나를 어떻게 생각하는지 나의 생각에 ○ 해 봅시다.

나는 소중합니다.

나는 소중하지 않습니다.

1 '내가 소중한 까닭은 무엇일까요?'라는 주제로 글을 쓰려고 합니다. 빈칸에 알맞은 내용을 써 봅시다.

1 제목 정하기

주제	내가 소중한 까닭은 무엇일까요?
나의 생각	나는
제목	

💬 **제목은 어떻게 지을까요?**
- 사람들의 흥미와 호기심을 끌 수 있는 것이 좋습니다.
- 글의 내용을 짐작할 수 있는 것이어야 합니다.
- 글의 중요 내용과 관련이 있어야 합니다.

💬 **이런 제목도 있어요.**
- '나는 소중해요', '달리기왕 ○○○, ○○○를 소개합니다', '소중한 나를 위한 약속', '내가 소중한 까닭'

2 〈처음〉 내가 소중하다고 느꼈던 경험을 자유롭게 써 봅시다.

• 예 운동회 때 달리기 시합에서 1등을 했을 때
•
•

 초고 쓰기

3 〈가운데〉 나의 생각을 뒷받침할 수 있는 까닭을 생각하며 생각 그물을 완성해 봅시다.

 자신이 잘하는 것, 자신을 좋아하는 사람들, 미래의 꿈을 이룬 자신의 장래 모습을 생각하며 자신이 소중한 까닭을 써 봅시다.

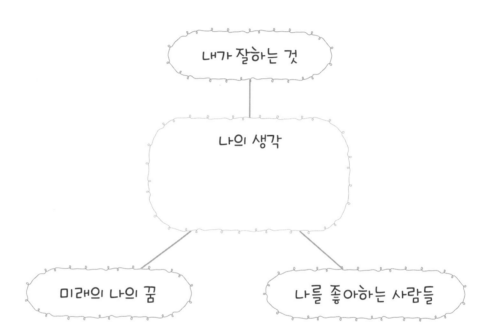

내가 잘하는 것

나의 생각

미래의 나의 꿈

나를 좋아하는 사람들

4 〈끝〉 소중한 나를 위해 무엇을 할 것인지 앞으로의 다짐을 써 봅시다.

나는 소중한 나를 위해 앞으로 _____

_____

_____

이런 말 이런 뜻
다짐: 앞으로 할 일을 강조하거나 확인함.

 글쓰기

1 앞에서 정리한 내용을 바탕으로 나의 생각을 글로 써 봅시다.

제목:

   나는

내가 소중하다고 느꼈습니다. 내가 소중한 까닭을 자세히 알아보면

첫째,

둘째,

셋째,

   그러므로 나는 소중한 나를 위해 앞으로

작품화
하기

1 나만의 캐릭터를 완성하고 자랑거리를 써 봅시다.

♡ ◯◯의 자랑거리 ♡

옷이나 액세서리,
여러 가지 도구를
그려 넣어 나만의
캐릭터를 완성해
봅시다.

화살표가 있는
곳이나 빈 곳에
나의 자랑을
최대한 많이
써 봅시다.
예 키가 커요,
발표를 잘해요,
달리기를 잘해요,
공부를 잘해요,
눈이 예뻐요 등.

나만의 캐릭터를
완성해서
학급 게시판에
자랑해 봅시다.

B

배려하는 친구

배려는 나와 다른 사람에게 관심을 갖고 보살피며 다른 사람
의 마음을 이해하는 것입니다.

B-1 이런 별명 어때

공부한 날 _____년 _____월 _____일

공부할 문제

「이런 별명 어때」를 읽고 친구를 배려하는 마음을 다져 봅시다.

생각 틔우기

배경 지식

1 다음과 같이 점검표에 적고, 자신은 배려를 잘하는 사람인지 생각해 봅시다.

① 남을 배려했거나 배려하지 못했던 일을 점검표에 적습니다.
② 남을 배려했던 일에는 ○을, 배려하지 못했던 일에는 ✕를 합니다.

구분	남을 배려했거나 배려하지 못했던 일	표시
친구		
	친구가 넘어져 아파하는데 크게 웃었어요.	✕
가족		
	엄마가 오므라이스를 해 주셨는데 맛이 없다고 투정을 부렸어요.	✕
이웃, 모르는 사람	공연장에서 공연을 보면서 음식을 먹었어요.	✕
기타	강아지가 배고플 시간에 사료를 줬어요.	○

기쁨을 나타내는 말
자랑스럽다, 우쭐하다, 흥분하다, 통쾌하다, 뿌듯하다, 설레다, 신나다 등
슬픔을 나타내는 말: 속상하다, 우울하다, 서글프다, 외롭다 등
화가 났음을 나타내는 말: 괘씸하다, 신경질 나다, 심술 나다, 분하다 등

2 다음 상황에서 어떤 기분이 들지 기분을 나타내는 말을 아는 대로 써 봅시다.

전학을 와서 친구들과 처음 만날 때	
친구들에게 놀림을 받을 때	
친구들에게 인정을 받을 때	

1 낱말과 낱말의 뜻을 알맞게 선으로 이어 봅시다.

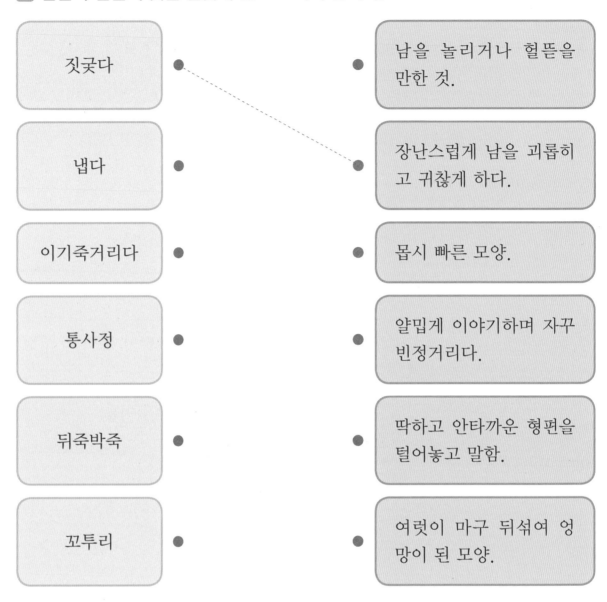

짓궂다	●	●	남을 놀리거나 헐뜯을 만한 것.
냅다	●	●	장난스럽게 남을 괴롭히고 귀찮게 하다.
이기죽거리다	●	●	몹시 빠른 모양.
통사정	●	●	얄밉게 이야기하며 자꾸 빈정거리다.
뒤죽박죽	●	●	딱하고 안타까운 형편을 털어놓고 말함.
꼬투리	●	●	여럿이 마구 뒤섞여 엉망이 된 모양.

2 □ 안의 낱말을 이용하여 짧은 글을 지어 봅시다.

1 교실 안에 가방 한 개가 │ 덩그렇게 │ 놓여 있습니다.

_____

2 아침 자습 시간에 교실이 │ 어수선합니다 │.

_____

이런 말 이런 뜻

덩그렇게: 넓은 공간이 텅 비어 쓸쓸하게.
어수선하다: 사물이 얽히고 뒤섞여 매우 어지럽다. 마음이나 분위기가 불안하고 안정되지 않다.

생각 키우기

예측
하기

1 다음 책의 표지를 보고 물음에 답하여 봅시다.

이런 별명 어때

1 어떤 등장인물이 나올지 써 봅시다.

_____

2 어디에서 벌어지는 일일지 써 봅시다.

교	

,

화		

3 어떤 일이 일어났을지 써 봅시다.

학교에서 친구들과 _____

_____

_____

이런 별명 어때

이주영

현욱이는 가슴이 두근거립니다. 오늘은 새 학교로 전학 온 첫날이기 때문이지요.

"엄마, 나 너무 떨려요. 새 학교 친구들은 모두 좋은 친구들이겠지요?"

"그럼. 우리 현욱이 새 친구들 생겨서 좋겠네?"

"칫! 과연 그럴까요? 며칠만 지나면 또 놀려 대겠지요. 나는 왜 엄마처럼 '김' 씨가 아니라 '변' 씨예요? 내 이름 정말 싫어. 내 이름이 김현욱이면 얼마나 좋을까."

현욱이가 입을 삐죽거리며 이야기했어요.

전학 오기 전 학교에서 현욱이의 별명은 '똥현욱'이었어요. 친구들은 '변현욱'이라는 멀쩡한 이름을 두고 항상 짓궂게 '똥현욱'이라고 부르며 깔깔거렸지요.

현욱이는 친구들이 다른 친구의 생김새나 행동을 관찰해 별명을 짓는 것은 이해할 수 있지만, 소중한 이름을 마음대로 바꿔 별명을 짓는 것은 옳지 않다고 생각했어요. 하지만 친구들에게 마음속 생각을 이야기해 본 적은 없답니다. 또 다른 나쁜 별명이 생길까 봐 두려웠기 때문이지요. 예를 들어 '잘난척쟁이 똥현욱'처럼요.

이런 말 이런 뜻

삐죽거리다: 비웃거나 언짢거나 울려고 할 때 소리 없이 입을 내밀고 실룩거리다.

짓궂게: 장난스럽게 남을 괴롭고 귀찮게 하여 달갑지 않게.

1 현욱이가 '변현욱'이 아닌 '김현욱'이었으면 좋겠다고 말한 까닭은 무엇인지 써 봅시다.

_____

_____

2 현욱이는 친구들이 다른 친구의 별명을 짓는 방법에 대해 어떻게 생각하고 있는지 써 봅시다.

_____

_____

담임 선생님께서 현욱이를 데리고 교실로 향하십니다. 친절해 보이는 여자 선생님이십니다. 친구들이 신나게 떠들고 있어서 교실 분위기가 무척 어수선해요.

"여러분 집중하세요. 오늘 새 친구가 전학을 왔어요. 현욱이가 친구들한테 자기 소개를 해 보세요."

현욱이는 잠시 머뭇거리다가 주위를 두리번거리며 입을 열었어요.

"2학년 2반 친구들, 안녕하세요. 제 이름은 현욱입니다. 초록초등학교에서 왔어요. 앞으로 친하게 지내요."

"선생님! 무슨 현욱이예요?"

"변현욱이에요."

선생님께서 칠판에 현욱이의 이름을 크게 적으며 말씀하셨어요. 그러자 몇몇 아이들이 키득거리며 현욱이의 이름을 따라 불렀어요.

"변현욱?"

현욱이의 얼굴이 불그스레해졌습니다.

내용 파악하기

3 현욱이의 얼굴이 불그스레해진 까닭은 무엇인지 찾아 ○ 해 봅시다.

교실이 너무 더워서	새로운 친구들을 만나니 설레어서	친구들이 키득거리며 이름을 따라 부르자 부끄러워서
( )	( )	( )

4 빈칸에 들어갈 알맞은 말을 이 글에서 찾아 써 봅시다.

나는 길을 건너기 전에 왼쪽, 오른쪽을 ☐☐☐ 거리며 주위를 살핍니다.

이런 말 이런 뜻

어수선하다: 물건, 일 등이 뒤섞여 매우 어지럽다.

머뭇거리다: 말이나 행동 따위를 선뜻 행하지 못하고 자꾸 망설이다.

두리번거리다: 눈을 크게 뜨고 여기저기를 자꾸 휘둘러 살펴보다.

키득: 참다못하여 입 속에서 새어 나오는 웃음소리.

불그스레하다: 조금 붉다.

그렇게 이 주일이 흘렀습니다. 다행히 이름을 갖고 놀리는 친구들이 없어서 현욱이는 평화로운 나날을 보냈지요. 하지만 한 가지 고민이 생겼습니다. 현욱이는 평소 배가 자주 아파서 학교에서 대변을 보곤 했어요. 그런데 전학을 온 학교 화장실은 더러운데다 고장 난 곳이 많았어요. 비데도 없고요. 그래서 학교에서는 대변을 참았다가 집에 와서 해결하는 일이 잦아졌습니다.

그러던 어느 날 2교시가 끝난 쉬는 시간. 현욱이가 더 이상 참지 못하고 화장실로 달려갔어요. 그러고는 누가 볼까 봐 잽싸게 문을 닫습니다. 문이 잠기지 않아 손으로 문손잡이를 잡고 볼일을 보고 있는데 밖에서 웅성거리는 소리가 들립니다.

"진짜야. 변현욱이 들어가는 거 내가 봤어."

누군가 현욱이가 들어간 화장실 칸의 문을 두들기며 외칩니다.

"변현욱, 너 똥 누고 있냐?"

현욱이는 화들짝 놀랐습니다. 장난꾸러기 성준이의 목소리입니다. 성준이와 다른 아이들이 함께 외칩니다.

"변현욱은 똥쟁이래요. 똥현욱은 똥쟁이래요."

"너희들, 저리 안 가? 너희는 똥 안 누고 살 수 있어?"

아이들은 신나게 놀려 대더니 냅다 도망쳤습니다.

이런 말 이런 뜻

잽싸게: 동작이 매우 빠르게.

화들짝: 갑자기 펄쩍 뛸 듯이 놀라는 모양.

5 글의 내용으로 알맞으면 ○, 알맞지 않으면 ✕ 해 봅시다.

1 현욱이는 전학을 온 학교의 친구들이 이름을 갖고 놀려서 고민했습니다.

(   )

2 전학을 온 학교 화장실은 더럽지만 고장 난 곳은 없었습니다.

(   )

6 친구들은 왜 현욱이를 '똥현욱', '똥쟁이'라고 불렀는지 써 봅시다.

_____

_____

친구들은 현욱이를 '똥현욱'이라고 부르기 시작했어요. 현욱이는 집에 돌아와 엄마께 학교에서 있었던 일을 말씀드리며 통사정했어요.

"엄마, 나 다른 학교로 전학 가면 안 돼요? 또 똥현욱이 되는 건 정말 싫어요. 하기는 내 이름이 변현욱이니까 어딜 가든 또 똥현욱이라는 별명이 붙겠지요. 그래도 그렇지. 똥을 눴다고 꼬투리를 잡아서 놀리면 안 되는 거잖아요."

"그렇지. 친구들이 심했구나. 그럼 우리 현욱이는 어떤 별명을 갖고 싶니?"

"잘 모르겠어요. 똥현욱만 아니면 돼요."

그날 밤 현욱이는 무엇인가를 골똘히 생각하더니 책상 서랍에서 새 공책을 한 권 꺼냈어요. 그리고는 표지에 '2학년 2반 친구들 별명 짓기'라고 적어 넣었습니다. 첫 장에는 '생김새로 별명 짓기', '잘하는 것으로 별명 짓기', '행동으로 별명 짓기'라고 적어 넣었지요.

'먼저 내 별명부터 지어 볼까? 그런데 별명은 남들이 지어서 불러 주는 건데……. 내가 스스로 지어도 될까?'

현욱이는 이런 저런 생각에 머릿속이 뒤죽박죽입니다.

이런 말 이런 뜻
골똘히: 한 가지 일에 온 정신을 집중함.

---

7 현욱이는 공책 표지에 어떤 내용을 적었는지 써 봅시다.

_____

_____

8 별명을 지을 때 현욱이가 생각한 기준은 무엇인지 써 봅시다.

_____

_____

"어? 이게 뭐지?"

다음 날 2교시 쉬는 시간에 현욱이의 짝꿍 민지가 현욱이의 책상 위에 놓여 있던 '2학년 2반 친구들 별명 짓기' 공책을 발견했어요. 그 안에는 현욱이가 지은 반 친구들의 별명이 가득 적혀 있었지요.

똑똑한 현진이는 올빼미, 미소가 예쁜 민지는 해님이, 달리기를 잘하는 성준이는 치타, 머리카락이 긴 진희는 라푼젤, 고마운 담임 선생님은 등대……

"얘들아, 이것 좀 봐! 현욱이가 친구들 별명을 지었어. 멋진 별명이 가득해."

"뭐? 별명? 똥현욱이?"

성준이가 다가와 공책을 빼앗으며 이기죽거렸어요. 그때 교실로 들어오던 현욱이가 깜짝 놀라 외쳤어요.

"아이참, 아직 다 만들지 못했는데……. 어서 돌려줘."

별명을 하나하나 읽어 보던 성준이가 감탄했어요.

"똥현욱, 제법인데? 나는 치타? 선생님은 등대?"

그때 담임 선생님께서 들어오셨어요.

"왜 이렇게 소란스럽지요?"

"선생님! 현욱이가 친구들이랑 선생님 별명을 지어서 공책에 가득 적어 놨어요."

"선생님도 볼 수 있을까요?"

현욱이가 지은 별명들을 살펴보시던 선생님께서 말씀하셨어요.

"우리 현욱이는 낱말도 많이 알고, 관찰력도 뛰어나네요. 전학 온 지 얼마 되지도 않았는데 친구들의 좋은 점을 아주 잘 파악해서 좋은 별명을 지었어요. 우리 현욱이 별명은 선생님이 지어 줄게요. 변 작가님 어때요?"

현욱이는 함박웃음을 지었습니다.

이런 말 이런 뜻

함박웃음: 크고 환하게 웃는 웃음.

9 빈칸에 들어갈 알맞은 낱말을 이 글에서 찾아 써 봅시다.

내용
파악하기

현욱이는 담임 선생님께서 지어 주신 '변 작가님'이라는 별명을 듣고

을 지었습니다.

생각 피우기

내용
정리하기

1 「이런 별명 어때」의 내용을 생각하며, 물음에 답하여 봅시다.

1 이야기의 내용을 생각하며, 빈칸에 알맞은 말을 써 봅시다.

등장인물	
일이 일어난 때	수업 시간, 쉬는 시간
일이 일어난 곳	

2 일이 일어난 차례에 맞게 붙임 딱지를 붙여 봅시다. (책의 맨 뒤에 있는 붙임 딱지를 사용합니다.)

> 현욱이가 새로운 학교로 전학을 왔습니다.

↓

↓

↓

↓

1 다음은 친구들이 화장실에서 현욱이를 놀리고 있는 장면입니다. 역할을 정해 역할 놀이를 해 본 뒤, 그 역할을 할 때 어떤 기분이 들었는지 써 봅시다.

> (화장실에서)
>
> 친구1: (큰 소리로) 진짜야. 변현욱이 들어가는 거 내가 봤어.
>
> 성준: (문을 쾅쾅 두들기며) 변현욱, 너 설마 똥 누고 있냐?
>
> 현욱: (화들짝 놀란 표정으로 아무 말 없이 문손잡이를 잡고 있다.)
>
> 성준: (손가락질하며) 변현욱은 똥쟁이래요.
>
> 친구1, 친구2: (이어서) 똥현욱은 똥쟁이래요.
>
> 현욱: (화가 나서 씩씩거리며) 너희들 저리 안 가? 너희는 똥 안 누고 살 수 있어?
>
> 성준, 친구1, 친구2: (냅다 도망치면서 놀리듯이) 똥현욱 무섭네, 무서워.

역할	기분
현욱이 역할을 한 학생	
성준이 역할을 한 학생	
친구1, 친구2 역할을 한 학생	

2 다음 상황에서 현욱이는 어떤 마음이 들었을지 써 봅시다.

친구들을 놀리는 것은 놀림받는 친구의 마음을 생각하지 않기 때문입니다. 배려는 친구들에게 관심을 갖고 친구들의 마음을 이해하는 것입니다.

	**현욱이의 마음**
	현욱이의 마음

3 **2**에서 답한 내용으로 보아, 친구들 사이에는 어떤 마음이 필요할지 빈칸에 알맞은 말을 써 봅시다.

친구들이 서로 [　][　]하는 마음

일반화

1 다음 그림을 보고, 학교에서 친구들을 배려하는 방법을 써 봅시다.

놀림받는 친구 도와주기

2 자신이 친구들을 배려했던 경험을 떠올려 써 봅시다.

언제	
어디서	
어떻게	
그때 자신의 기분	

창의성

1 친구를 배려하기 위한 다짐문을 쓰고, 실천해 봅시다.

학교에서 친구를 배려하는 방법에는 여러 가지가 있습니다. 어려운 일보다 쉽더라도 꼭 실천할 수 있는 일들을 써 봅시다.

친구를 배려하기 위한 다짐문

선서! 나 _____은(는) 자랑스러운 _____초등학교 _____학년 ____반 어린이로서 다음과 같이 다짐합니다.

첫째,
_____
_____
_____

둘째,
_____
_____
_____

셋째,
_____
_____
_____

이상의 세 가지 약속을 꼭 지켜 친구를 배려하는 어린이가 될 것을 다짐합니다.

20___년 ___월 ___일 _____초등학교 _____(인)

B-2 친구야! 나들이 가자

공부할 문제 친구를 배려하며 부탁하는 글을 써 봅시다.

생각 틔우기 😊

1 '나들이' 하면 떠오르는 생각을 자유롭게 적어 봅시다.

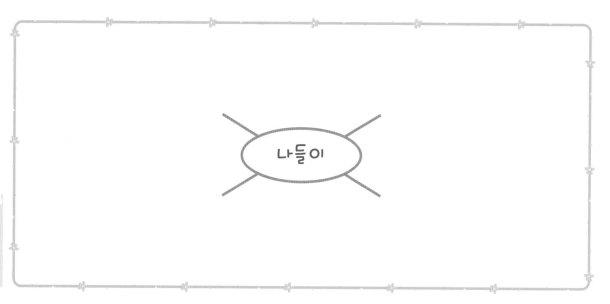

나들이

이런 말 이런 뜻

나들이: 집을 떠나 가까운 곳에 잠시 다녀오는 일.

2 붙임 딱지를 사용하여 동물원을 자유롭게 꾸며 봅시다.

책의 맨 뒤에 있는 붙임 딱지를 사용하세요

1 낱말과 낱말 뜻을 바르게 선으로 이어 봅시다.

서운하다 ●		● 마음에 모자라 아쉽거나 섭섭한 느낌이 있다.
추억 ●		● 어떤 일을 해 달라고 청하거나 맡김.
부탁 ●		● 지난 일을 돌이켜 생각함.

2 다음 낱말을 사용하여 짧은 글을 지어 봅시다.

서운하다	_____
추억	_____
부탁	_____

1 다른 사람에게 어떤 일을 해 달라고 부탁하는 글에 들어갈 내용으로 알맞은 것 두 가지를 **보기** 에서 찾아 빈칸에 써 봅시다.

> **보기**
>
> 부탁하는 내용, 기뻤던 일, 나의 꿈
> 부탁하는 까닭, 부탁하는 날의 날씨

이런 말 이런 뜻
까닭: 내 생각을 뒷받침하는 내용.

친구야! 나들이 가자

서진아!

주말에 우리 함께 나들이를 가지 않을래?

얼마 전 텔레비전에서 동물원의 여러 가지 동물들이 나오는 것을 보니 직접 구경 가고 싶어졌어. 며칠 전 너와 싸우고 나서 너랑 잘 놀지 못해 서운하기도 했거든. 네가 시간 괜찮다면 이번 주말에 함께 동물원으로 나들이 가서 그동안 못했던 이야기도 하고, 맛있는 도시락도 함께 먹자. 만약 시간이 어려우면 다음 주에라도 함께 가도록 해 보자. 같이 나들이 간다면 정말 재미있고, 우리 사이가 더욱 친해질 것 같아. 동물원에서 너와 즐거운 추억을 많이 만들고 싶어.

꼭 부탁할게.

너의 친구 주형이가

이런 말 이런 뜻

직접: 중간에 아무것도 끼우지 아니하고 바로 함.

구경: 흥미나 관심을 가지고 봄.

부탁: 어떤 일을 해 달 라고 청하거나 맡김.

내용 파악하기

1 누가 누구에게 쓴 글인지 써 봅시다.

_____

2 무엇을 부탁하고 있는지 써 봅시다.

_____

3 부탁하는 까닭은 무엇인지 써 봅시다.

_____

내용 정리하기

1 앞 글에서 주형이가 서진이와 동물원에서 하고 싶은 일로 알맞은 것을 찾아 ○ 해 봅시다.

(   )

(   )

(   )

느낌·생각

1 앞 글에 다음과 같은 것들이 잘 드러나 있는지 알맞은 것에 ○ 해 봅시다.

누가 누구에게 쓰는 글인지 밝혔나요?	예, 아니오
부탁하는 내용과 그 까닭이 잘 드러났나요?	예, 아니오
읽는 이를 생각하며 예의 바르게 썼나요?	예, 아니오
알맞은 글자와 뜻이 분명한 문장으로 썼나요?	예, 아니오

2 서진이가 되어 주형이에게 답장을 써 봅시다.

생각 퍼뜨리기

일반화

1 다음 보기와 같이 자신이 부탁하고 싶은 것을 써 봅시다.

보기

부탁할 사람	친구에게
부탁할 내용	준비물을 빌려주었으면 좋겠어.
부탁하는 까닭	서로 준비물을 빌려주면 더 좋은 친구가 될 수 있을 것 같아.

부탁할 사람	_____에게
부탁할 내용	
부탁하는 까닭	

2 **1**에 쓴 내용을 바탕으로 부탁하는 글을 써 봅시다.

부탁하는 글을
쓸 때 주의할 점
- 알맞은 까닭을 들
어야 합니다.
- 들어줄 수 있는 부
탁인지 생각해야
합니다.
- 부탁받는 사람의
마음을 헤아려야
합니다.

_____에게

_____

_____

_____

_____

_____

B-3 친구들의 별명을 불러도 될까요

공부한 날 _____년 _____월 _____일

공부할 문제 친구들의 별명 부르기에 대한 자신의 생각을 써 봅시다.

공주

나무늘보

전봇대

생각 틔우기 😊

배경
지식

1 친구들의 별명이나 자신이 알고 있는 별명들을 써 봅시다.

2 다음 그림 속 친구에게 어울리는 별명을 지어 봅시다.

💬 **별명이란?**

• 사람이나 물건의 원래 이름 대신 쓰이는 이름입니다.

• 별명은 사람의 겉모습이나 성격, 행동, 말씨 등의 특징을 사용하여 지어
집니다.

• 별명은 친근감을 주기도 하지만 상대방의 기분을 나쁘게 하기도 합니다.

이런 말 이런 뜻
친근감: 서로 사이가
아주 가까운 느낌.

1 자신이 갖고 싶은 별명을 생각하며 다음 글을 완성해 봅시다.

내가 잘하는 것, 좋아하는 것, 나의 꿈 등과 어울리는 별명은 뭘까?

나는 [   ](이)라는 별명을 갖고 싶습니다.

왜냐하면 [   ]

때문입니다. 친구들에게 [   ](이)라는 별명을 들으면

[   ] 같습니다.

2 친구가 들으면 기분 좋아할 만한 별명을 짓고, 그렇게 별명을 지은 까닭을 써 봅시다.

친구 이름	별명	별명을 지은 까닭
㉮ 홍길동	㉮ 배려왕	㉮ 어려운 친구들을 항상 잘 도와줘서

3 다음 글을 읽고 물음에 답하여 봅시다.

〈동호의 일기〉

　오늘 쉬는 시간에 민수가 나에게 "야, 멸치!"라고 하였다.
　멸치는 1학년 때 붙여진 내 별명이다. 멸치처럼 말랐다고 친구들이 붙여 주었다. 나는 그 별명이 마음에 들지 않아서 친구들에게 별명을 부르지 말라고 여러 번 이야기하였다. 그러나 친구들은 친한 친구라서 장난으로 부르는 거라고 했다.
　하지만 난 그 별명을 들을 때마다 기분이 나빠서 오늘 민수에게 짜증을 냈다. 난 친구들이 별명 말고 내 이름을 불러 주었으면 좋겠다.

〈민수의 일기〉

　오늘 쉬는 시간에 복도를 지나다가 동호를 만났다. 반가워서 큰 소리로 불렀는데, 동호는 나에게 화를 냈다. 내가 부른 '멸치'라는 별명이 싫다는 것이다.
　난 친한 친구라서 장난으로 부른 별명인데 그렇게 화를 내는 동호를 이해할 수 없었다. 별명을 부르면 더 친해지는 것 같기 때문이다.
　난 동호를 친한 친구로 생각했는데 앞으로 별명을 부르지 말아야겠다.

1 동호의 별명은 무엇인지 써 봅시다.

_____

2 동호가 화를 낸 까닭은 무엇인지 써 봅시다.

_____

3 민수는 왜 동호의 별명을 불렀는지 써 봅시다.

_____

문제해결 방법알기

1 다음 글을 읽고, ○✕ 퀴즈를 풀어 봅시다.

> 휴보는 인간형 로봇으로 가위바위보를 하고 춤을 출 수 있으며 적당한 힘으로 악수를 할 수 있습니다.

꼬마 박사 오준호 교수 꿈 이루다

오준호 교수의 초등학교 때 별명은 꼬마 박사였다. 초등학생 때부터 기계에 관심이 많아 기계를 뜯어 보지 않고는 잠을 못 잘 정도였고, 자연과 과학에 대해 더 많이 알아야겠다고 다짐하곤 했다고 한다. 중·고등학교를 다니면서 오준호 박사는 로켓이나 자동차, 배 등을 직접 만들기도 했는데, 그냥 장난감이 아닌 제주도에서 직접 통나무를 깎고, 무전기를 만들어 진짜 움직이는 배와 자동차 등을 만들어 냈다고 한다. 또 고물상을 뒤져서 피스톤으로 움직이는 증기 기관차를 만들기도 했다. 오준호 박사는 어렸을 적 별명대로 대학 진학도 연세대 기계공학과로 하여 박사의 꿈을 이루어 나갔다.

휴보(KAIST 제공)

이런 말 이런 뜻

진학: 상급 학교에 감.
기계공학과: 대학에서 기계와 관련된 공부를 하는 학과.

오준호 교수님의 별명은 유치원 때 생겼습니다.	(○ , ✕)
오준호 교수님의 별명은 꼬마 박사였습니다.	(○ , ✕)
오준호 교수님은 초등학교 때 과학에 대해 더 많이 알아야겠다고 다짐하였습니다.	(○ , ✕)
오준호 교수님은 중·고등학교 때 진짜 움직이는 배와 자동차 등을 만들어 냈습니다.	(○ , ✕)
오준호 교수님은 대학 진학을 의대로 하였습니다.	(○ , ✕)

2 친구의 별명을 부르면 좋은 점에는 😊, 나쁜 점에는 😣를 붙여 봅시다.
(책의 맨 뒤에 있는 붙임 딱지를 사용합니다.)

■ 친구와 더 친하게 지낼 수 있습니다.	
■ 친구가 기분 나빠 할 수도 있습니다.	
■ 친구들의 개성을 나타낼 수 있습니다.	
■ 바르고 고운 말을 적게 사용할 수 있습니다.	
■ 친구가 나를 더 오래 기억할 수 있습니다.	
■ 이름보다 외우기 쉽습니다.	
■ 친구의 겉모습을 놀리게 될 수 있습니다.	

3 친구의 별명 부르기에 대한 자신의 생각에 ○ 해 봅시다.

친구의 별명을 불러도 된다.

(   )

친구의 별명을 부르면 안 된다.

(   )

1 '친구들의 별명을 불러도 될까요?'라는 주제로 글을 쓰려고 합니다. 빈칸에 알맞은 내용을 써 봅시다.

1 〈제목 정하기〉

주제	친구들의 별명을 불러도 될까요?
자신의 생각	친구들의 별명을
제목	

💬 이런 제목도 있어요.

- '친구들의 별명을 불러도 된다.'에 대한 제목: '재미있는 별명', '별명을 부르자', '별명으로 사이좋은 친구 되기' 등
- '친구들의 별명을 부르면 안 된다.'에 대한 제목: '별명 부르기 이제 그만!', '별명을 부르지 말자', '친구 사이의 적, 별명' 등

2 〈처음〉 친구가 자신의 별명을 불렀거나, 자신이 친구의 별명을 불렀을 때의 경험을 써 봅시다.

언제	
어디서	
어떤 일이 있었나요?	
그때의 기분은 어땠나요?	

3 〈가운데〉 자신의 생각을 빈칸에 쓰고, 생각을 뒷받침할 수 있는 까닭을 생각 그물로 나타내 봅시다.

친구의 별명을 부를 때의 좋은 점과 나쁜 점을 생각하며 생각 그물을 완성해 봅시다.

친구들의 별명을
_____

4 〈끝〉 자신의 생각에 대한 까닭을 간단하게 정리하고 강조하여 써 봅시다.

이렇게 친구들의 별명을 부르면 _____

_____

_____

그러므로 친구들의 별명을 _____

_____

이런 말 이런 뜻
강조: 어떤 부분을 특별히 강하게 주장하거나 두드러지게 함.

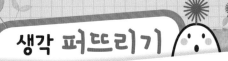

1 앞에서 정리한 내용을 바탕으로 자신의 생각을 글로 써 봅시다.

제목:

나는

그러므로 나는 별명을 부르면   생각한다.

그 까닭은 첫째,

둘째,

셋째,

이렇게 친구의 별명을 부르면

그러므로 친구의 별명을

1 친구의 기분이 좋아지도록 친구의 모습을 꾸며 봅시다.

친구의 별명을
나타낼 수 있도록
몸동작이나 옷차림,
액세서리, 배경 등을
그려 넣어 봅시다.

2 **1**에 그린 친구의 별명을 짓고, 그렇게 지은 까닭을 써 봅시다.

내 친구 ⬚⬚⬚⬚⬚⬚⬚ 의 별명은 ⬚⬚⬚⬚⬚⬚⬚ 입니다.

왜냐하면 ⬚⬚⬚⬚⬚⬚⬚⬚⬚⬚⬚⬚

때문입니다.

C

함께하는 우리

공익은 공동 사회를 살아가는 사람들이 다함께 행복을 누리기 위해 노력하는 자세입니다.

C-1 눈 치울 사람 여기 모여라

공부할 문제

「눈 치울 사람 여기 모여라」를 읽고 생각과 느낌을 표현해 봅시다.

생각 틔우기 ☺

배경
지식

1 눈 오는 날, 자신이 경험했던 일을 떠올려 생각 그물을 완성해 봅시다.

눈 오는 날

2 다음 그림을 보고, 여자아이와 할머니가 어떤 대화를 했을지 상상하여 써 봅시다.

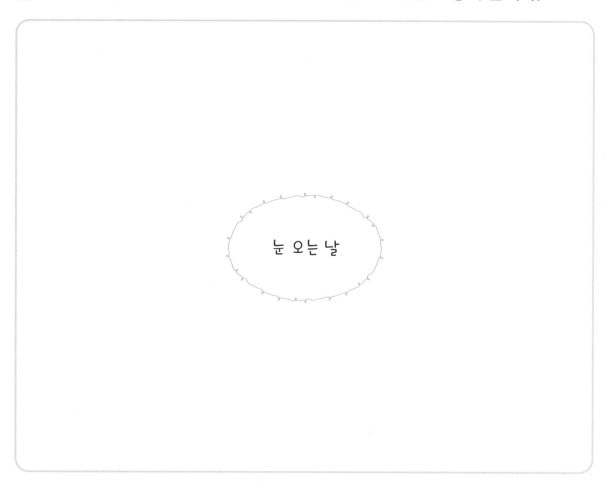

여자아이:

할머니:

낱말 익히기

1 낱말과 낱말 뜻을 바르게 선으로 이어 봅시다.

| 가파르다 | ● | ● | 아무런 생각이나 감정이 없다. |

| 예의 | ● | ● | 남의 사정을 잘 헤아려 너그러이 받아들임. |

| 양해 | ● | ● | 산이나 길이 몹시 비탈지다. |

| 무심하다 | ● | ● | 존경의 뜻을 표하기 위해 바르게 나타내는 말투나 몸가짐. |

2 다음 그림을 보고, 그림에 알맞은 문장이 되도록 (　　) 안의 알맞은 말에 ○ 해 봅시다.

눈이 쌓이면 밤새 (얼어붙기/녹기) 쉽습니다.

준석이는 미끄러져 (엉덩방아/연자방아)를 찧었습니다.

이런 말 이런 뜻

연자방아: 넓적한 돌판 위에 돌을 세로로 세워서 이를 말이나 소 따위로 하여금 끌어 돌리는 방아.

생각 키우기

예측
하기

1 다음은 「눈 치울 사람 여기 모여라」에 등장하는 인물입니다. 알맞은 붙임 딱지를 붙여 봅시다. (책의 맨 뒤에 있는 붙임 딱지를 사용합니다.)

준석이	경비 아저씨
준석이의 아버지	동네 사람들

눈이 많이 온 날
할 수 있는 일과
할 수 없는 일을
생각해 봅시다.

2 눈이 많이 내리면 좋은 점과 나쁜 점을 각각 한 컷 만화로 그려 봅시다.(하고 싶은 말을 그림으로 그린 뒤 말풍선 안에 짧게 글을 쓰면 됩니다.)

눈이 많이 내리면 좋은 점	눈이 많이 내리면 나쁜 점

눈 치울 사람 여기 모여라

이주영

"와, 눈이다!"

준석이는 창밖을 내다보며 환호성을 질렀어요. 밤새 눈이 내려서 온 세상이 하얗게 변했기 때문이지요.

"아직 11월인데 벌써 눈이 내리네. 작년에도 폭설 때문에 고생했는데."

신이 난 준석이와 달리 아빠는 한숨을 쉬셨지요.

"아빠, 눈이 많이 내리면 이글루 만들기로 한 약속 잊지 않으셨죠? 작년에 도전했다가 실패했잖아요."

"우리 준석이는 눈이 오니까 그렇게 좋으니?"

"물론이지요."

"아빠랑 엄마는 좀 일찍 출근해야겠다. 준석이도 학교 잘 다녀오고."

"준석아, 이따 보자. 주머니에서 손 빼고 걸어야 해. 알았지?"

엄마가 신신당부를 하셨어요.

준석이네 가족은 용인에 있는 아파트에 살아요. 준석이네 동네는 다른 동네에 비해 여름에는 시원하고 겨울에는 춥답니다. 아파트 주변을 산이 빙 둘러싸고 있고요. 그러다 보니 겨울에 눈이 내리면 금세 거리가 꽁꽁 얼어붙지요. 아파트 입구는 제법 가파른 비탈길이에요. 준석이는 작년 겨울에 주머니에 손을 넣고 눈길을 걷다가 미끄러지는 바람에 다리를 다쳤어요. 그래서 눈이 오면 다리에 힘을 주고 걷는 버릇이 생겼답니다.

이런 말 이런 뜻

폭설: 갑자기 많이 내리는 눈.

이글루: 에스키모들이 추운 지역에서 살기 위해서 얼음과 눈덩이로 둥글게 만든 집.

1 준석이네 부모님이 눈 오는 날 평소보다 일찍 출근하신 까닭은 무엇일지 써 봅시다.

_____

_____

준석이네 아파트에는 각 동마다 경비 아저씨들이 근무하십니다. 아저씨보다는 할아버지에 가까우시죠. 경비 아저씨들은 분리수거도 하시고, 택배도 맡아 주시고, 눈이 내리는 날이면 눈이 쌓이기 전에 비질을 하신답니다. 엄마는 경비 아저씨께 항상 예의 바르게 인사하고 감사한 마음을 가져야 한다고 말씀하세요.

다음 날 아침, 준석이는 아빠와 함께 집을 나섰어요.

"할아버지, 안녕하세요?"

준석이가 비질을 하고 계시는 경비 아저씨께 인사를 했어요.

"그래, 준석이 학교에 가니?"

"아저씨, 수고가 많으십니다. 요즘엔 날씨를 종잡을 수도 없고, 눈이 이렇게 시도 때도 없이 내리네요."

"그러게 말입니다. 잠깐 눈 좀 붙인 사이에 갑자기 눈이 내렸네요. 일단 눈이 쌓이고 나면 얼어붙으니 쌓이기 전에 미리 쓸어 내야 하는데 말입니다. 준석이도 작년에 미끄러져서 다쳤다면서요."

"할아버지, 저 이제 안 다쳐요. 다리에 힘을 주고 걷거든요."

"그러니? 그래도 조심해서 다녀라."

"할아버지, 그런데 놀이터에 있는 눈은 치우지 말아 주세요. 아빠랑 이글루 만들기로 했거든요."

준석이가 놀이터에 소복이 쌓인 눈을 가리키며 말씀드렸어요.

"알았다."

경비 아저씨가 빙그레 웃으며 대답하셨어요.

내용
파악하기

2 경비 아저씨께서 눈이 쌓이기 전에 치우시는 까닭은 무엇인지 써 봅시다.

_____

_____

어느 날이었어요.

"엄마! 밤새 또 눈이 정말 많이 내렸어요. 스키장 같아요."

준석이가 엄마와 함께 집을 나서며 이야기했어요. 나뭇가지도, 주차장도 하얀 눈으로 뒤덮여 있었지요. 준석이는 스키 타는 흉내를 내다가 엉덩방아를 찧을 뻔했지요.

"아이코! 미끄러워."

"엄마 손 꽉 잡아."

엄마가 준석이의 손을 꽉 잡았어요.

거북이걸음으로 걷던 사람들이 곳곳에서 미끄러졌어요.

"아니, 경비 아저씨들은 일을 어떻게 하시는 거야. 눈이 그대로 쌓여서 얼어 버렸잖아."

한 아주머니가 화를 내며 큰 소리로 말씀하셨어요.

"엄마, 전부터 궁금했던 건데요. 여기는 우리 집인데 왜 경비 아저씨들만 눈을 치우셔요?"

준석이가 고개를 갸웃거리며 엄마께 질문했어요.

엄마는 아무런 대답을 안 하시고 준석이의 얼굴을 가만히 바라보셨어요. 그날 저녁이었어요. 준석이네 가족이 저녁 식사를 하고 있는데 천장에 달린 조그만 스피커에서 아파트 안내 방송이 흘러나왔어요.

"관리 사무소에서 잠시 안내 말씀 드립니다. 기록적인 폭설로 주민 모두가 불편을 겪고 있습니다. 일기 예보에서 오늘 밤에 또 눈이 내릴 것이라고 합니다. 오늘 밤에 눈이 내리면 주민 여러분께서 나오셔서 함께 힘을 합해 눈을 치워 주시면 감사하겠습니다."

이런 말 이런 뜻

뒤덮이다: 빈 데가 없이 꽉 들어차다.

일기 예보: 날씨의 변화를 예측하여 미리 알리는 일.

3 동네 아주머니가 경비 아저씨께 화를 내신 까닭은 무엇인지 써 봅시다.

_____

_____

밤이 되자 정말로 눈이 내렸어요. 준석이와 엄마, 아빠는 털모자와 장갑, 따뜻한 점퍼로 중무장하고 빗자루를 들고 엘리베이터를 타고 1층으로 내려갔어요.

"준석이 아버지, 오랜만입니다."

준석이네보다 먼저 나와서 눈을 치우고 계시던 시우 아빠가 인사를 하셨어요.

"시우 엄마가 그러던데 준석이 엄마께서 아파트 반장님께 동네 주민들이 모두 함께 눈을 치우자고 건의하셨다면서요? 관리 사무소를 통해서 안내 방송도 하고요. 덕분에 이렇게 나왔습니다."

"와! 우리 엄마 최고."

준석이가 엄지손가락을 추켜올리며 외쳤어요.

"저도 준석이 엄마 이야기를 듣고 반성했습니다. 우리 준석이가 왜 우리 집 앞의 눈을 우리가 안 치우느냐고 질문했다고 하더라고요."

"준석이가 정말 기특하네요. 저도 예전에 주택에 살 때는 눈이 내릴 때마다 부지런히 집 앞에 쌓인 눈을 치우곤 했는데 그동안 참 무심했네요."

시우 아빠가 대답하셨어요.

"경비 아저씨들께서 하시는 일이 좀 많습니까. 예전 같지 않게 눈도 너무 자주 오고요. 그때그때 치우기 버거우시죠."

잠시 후 더 많은 동네 사람들이 밖으로 나왔어요. 모두들 빗자루를 손에 쥐고 힘을 모아 열심히 눈을 쓸어 냈어요.

이런 말 이런 뜻

중무장: 어떤 조건에 대처하기 위하여 든든히 준비하는 일.

건의: 개인이나 단체가 생각이나 희망을 내놓음.

반성: 자신의 말과 행동에 대하여 잘못이나 부족함이 없는지 돌이켜 봄.

버겁다: 다루기에 힘겹다.

내용 파악하기

4 주택에 사는 사람들은 집 앞의 눈을 직접 치우는데 왜 아파트에 사는 사람들은 직접 눈을 치우지 않는지 써 봅시다.

_____

5 어른들은 왜 집 앞의 눈을 치우지 않느냐는 준석이의 말을 듣고 어떤 생각을 했을지 써 봅시다.

_____

⊙ 함께하는 우리 **79**

내용 정리하기

1 「눈 치울 사람 여기 모여라」의 내용을 생각하며 물음에 답하여 봅시다.

1 언제, 어디에서 일어난 일인지 ○ 해 봅시다.

언제	봄, 여름, 가을, 겨울
어디에서	학교, 동네, 시장, 기차역

2 일이 일어난 순서에 맞게 붙임 딱지를 붙여 봅시다.

책의 맨 뒤에 있는 붙임 딱지를 사용합니다.

왜 우리 집 앞의 눈을 경비 아저씨가 치워요?

3 이야기의 줄거리가 완성되도록 보기 에서 알맞은 낱말을 찾아 빈칸에 써 봅시다.

보기

하얀 눈, 경비 아저씨, 화, 빗자루, 거북이

( )는 눈이 오면 눈길을 말끔히 쓸어 내셨어요.
눈이 많이 내린 어느 날, 온 동네가 ( )으로 뒤덮였어요.
사람들은 ( )걸음으로 길을 걸었어요.
한 아주머니가 경비 아저씨들이 일을 제대로 하지 않는다며 ( )를 냈어요.
동네 사람들이 다 같이 ( )로 눈을 쓸었어요.

생각 퍼뜨리기

일반화

1 준석이네 동네의 이름을 지으려고 합니다. 준석이네 동네의 특징에 어울리는 이름을 짓고 그렇게 지은 까닭을 써 봅시다.

■ 동네 이름: _____

■ 그렇게 이름을 지은 까닭: _____

_____

2 이야기 속 인물의 행동이 바뀐다면 어떤 일이 일어날까요? 다음 글을 읽고 뒷이야기를 상상하여 써 봅시다.

밤이 되자 또다시 많은 눈이 내렸습니다. 하지만 준석이네 동네 사람들은 경비 아저씨들이 알아서 눈을 치우시겠지 하는 생각에 아무도 눈을 치우러 나가지 않았습니다. 밖을 내다보니 밤새 쌓인 눈이 얼어붙어 매우 미끄럽고 위험해 보였습니다.

아침이 되었습니다. 준석이는 학교에 가기 위해 집을 나섰습니다.

....

....

....

....

창의성

1 추운 겨울날, 눈을 쓸고 계시는 경비 아저씨가 춥지 않도록 경비 아저씨께 선물하고 싶은 것을 그려 넣어 봅시다.

털모자, 목도리, 장갑 등 추위를 이겨 낼 수 있는 것을 그려 봅시다.

2 동네 주민들을 위해 눈을 치우시는 경비 아저씨께 감사의 마음을 담아 편지를 써 봅시다.

C-2 도서관에서 생긴 일

공부할 문제 만화의 특성을 알고 공익의 의미를 생각해 봅시다.

1 다음 그림을 보고, 책을 읽기 좋은 곳에 ○ 해 봅시다.

(   )

(   )

■ 이와 같이 선택한 까닭을 써 봅시다.

_____

_____

낱말 익히기

1 낱말과 낱말 뜻을 바르게 선으로 이어 봅시다.

| 이르다 | • | • | 어떤 사람의 잘못을 윗사람에게 말하여 알게 하다. |

| 지나치다 | • | • | 말하는 것이나 행동하는 것이 신통하다. |

| 기특하다 | • | • | 어떤 일에 관심을 가지지 아니하고 그냥 넘기다. |

2 빈칸에 들어갈 알맞은 낱말을 〈보기〉에서 찾아 써 봅시다.

┌─〈보기〉─────────────────────────────────┐
│   │
│   찢다   기특하다   이르다   지나치다   │
│   │
└──┘

어려운 숙제를 마쳐 _____.

종이를 _____.

친구를 못 보고 _____.

친구의 잘못을 _____.

💬 **만화**

　이야기를 간결하고 재미있게 그린 그림입니다. 인물의 대화와 생각도 넣어서 나타낼 수 있습니다.

1 만화의 등장인물을 알아봅시다.

| 너수재 | 나영재 | 김민수 | 교장 선생님 |

2 도서관의 책을 찢는 모습을 보고, 민수는 어떤 생각이 들었을지 써 봅시다.

_____

_____

_____

_____

3 다음 만화를 보고 어떤 이야기일지 짐작하여 써 봅시다.

수재와 영재가 선생님께 혼난 까닭이 무엇일지 상상해 봅시다.

_____

도서관에서 생긴 일

1 수재와 영재는 왜 책을 찢으려 했는지 써 봅시다.

_____

_____

내용 파악하기

2 민수는 왜 도서관 책을 찢으면 안 된다고 하였는지 써 봅시다.

_____

_____

③ 수재와 영재가 교장 선생님께 혼난 까닭은 무엇인지 써 봅시다.

_____

_____

내용 정리하기

1 만화의 내용을 생각하며, 일이 일어난 차례에 맞게 빈칸에 번호를 써 봅시다.

■ 위 그림을 보고, 사건이 일어난 순서대로 내용을 정리하여 써 봅시다.

수재와 영재가 도서관에서 재미있게 책을 읽었습니다.

➡ _____

➡ _____

➡ _____

2 각 인물의 성격으로 알맞은 것을 찾아 선으로 이어 봅시다.

수재, 영재	●	●	옳지 않은 일을 지나치지 않는다.
민수	●	●	자신의 이익만 생각한다.

1 도서관에서 책을 찢으면 안 되는 까닭을 생각해 보고, 자신이 민수라면 다음 상황에서 수재에게 어떤 말을 할지 써 봅시다.

_____

_____

2 민수가 한 행동을 생각해 보고, 칭찬하는 말을 넣어 민수가 받을 상장을 만들어 봅시다.

이런 말 이런 뜻

수여: 상장, 훈장 따위를 줌.

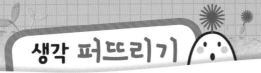

1 다음 그림에서 공익에 어긋난 행동을 한 어린이를 모두 찾아 ○ 해 봅시다.

이런 말 이런 뜻
공익: 공동의 이익, 사회 전체의 이익.

1 영재가 공익을 실천하는 어린이라면 이야기가 어떻게 달라질까요? 빈 말풍선을 완성하고, 이어질 내용을 상상하여 만화를 완성해 봅시다.

C-3 집 앞의 눈은 치워야 하나요

공부한 날 _____년 _____월 _____일

공부할 문제 우리 집 앞의 눈을 치워야 하는지에 대한 내 생각을 써 봅시다.

생각 틔우기 😊

 배경
지식

1 눈이 오는 날 친구들이 등교를 하고 있습니다. 학교를 잘 찾아간 아이를 찾아
○ 해 봅시다.

이런 말 이런 뜻
등교: 학생이 학교에 감.

병원

학교

우체국

경찰서

은행

2 그림 속 남자아이는 어떤 생각이 들었을지 써 봅시다.

넘어졌을 때 어떤
생각이 들었는지
떠올려 봅시다.

_____

_____

_____

_____

_____

1 다음 그림 중 자신이 걷고 싶은 길에 ○ 하고, 그 길을 고른 까닭을 써 봅시다.

(   )   (   )

■ 까닭: _____

2 다음 대화를 읽고, 물음에 답하여 봅시다.

이런 말 이런 뜻

빙판길: 얼음이 얼어 미끄러운 길.

 지민아! 창밖을 봐. 밤새 눈이 많이 쌓였어. 우리 눈사람 만들자.

 눈이 많이 왔구나. 눈을 치우지 않으면 지나가는 사람이 다칠 것 같아. 우리 집 앞의 눈부터 치우자.

 싫어. 눈사람 만들려고 1년을 기다렸는걸.

 현우야, 눈사람은 학교 운동장에서 만들자. 눈이 얼면 매우 미끄러울 것 같아. 옆집 언니도 작년에 빙판길에서 넘어져 팔이 부러졌잖아.

 그래? 멋진 눈사람을 만들고 싶은데…….

1 지민이는 눈사람을 만들기 전에 무엇을 하려고 하는지 써 봅시다.

_____

2 우리 집 앞의 눈을 치워야 하는지에 대한 자신의 생각에 ○ 해 봅시다.

우리 집 앞 눈은 치워야 한다.	우리 집 앞 눈을 치울 필요가 없다.
( )	( )

문제 해결
방법 알기

1 다음 그림을 보고, 눈을 치웠을 때와 치우지 않았을 때 일어날 수 있는 일을 상상하여 써 봅시다.

1

2 눈을 치우지 않았을 때

2 우리 집 앞의 눈을 쓸었을 때 좋은 점에는 ○, 나쁜 점에는 ✕ 해 봅시다.

■ 눈길에서 다치는 사람이 줄어듭니다.	
■ 눈을 쓰는 데 힘이 듭니다.	
■ 눈 쌓인 길을 볼 수 없습니다.	
■ 안전하게 길을 다닐 수 있습니다.	
■ 환경미화원의 수고를 덜어 줄 수 있습니다.	

3 다음 신문 기사를 읽고, ○× 퀴즈를 풀어 봅시다.

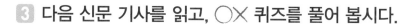

미국 국무 장관, 집 앞 눈 치우지 않아 '벌금'

보스턴 시는 존 케리 미국 국무 장관(우리나라의 외교부 장관)이 자신의 집 옆 인도에 쌓인 눈을 치우지 않아 벌금 50달러(약 5만 5000원)를 부과했다. 미국에서는 겨울에 눈이 많이 내리는 지역의 경우 빙판길 사고를 우려해 눈이 그친 다음 날까지 집주인이 자신의 집 주변에 쌓인 눈을 치우도록 하는 법이 있다. 이를 어기면 눈을 치울 때까지 하루에 50달러씩 벌금을 내야 한다.

외신에 따르면 케리 장관이 사는 보스턴 시에 60cm 이상의 눈이 내렸는데, 케리 장관 집의 옆 인도에는 눈이 그대로 쌓여 있고 대신 노란색 테이프로 출입 금지 표시만 있어 지나가는 시민이 사진을 찍어 주민 신고 홈페이지에 올렸다고 한다. 사실 그날 아침 일찍 케리 장관 집 주변을 청소하는 직원이 쌓인 눈을 치우려고 갔지만, 노란색 테이프가 쳐져 있어 눈을 치우지 않았다고 한다.

케리 장관 측은 "보행자들에게 '지붕에 쌓인 눈이 떨어질 수 있으니 조심하라.'는 뜻에서 노란색 테이프를 쳐서 알리려고 한 것인데 이를 청소하는 직원이 경찰의 출입 통제 테이프로 착각하여 생긴 일"이라고 밝혔다.

1 존 케리 장관은 50달러의 벌금을 내야 합니다. ○ , ×

2 청소하는 사람이 노란색 테이프를 보고 더 열심히 눈을 쓸었습니다. ○ , ×

3 미국에서는 집 앞의 눈을 쓸지 않아도 괜찮습니다. ○ , ×

4 존 케리 장관이 두른 노란색 테이프는 조심하라는 뜻이었습니다. ○ , ×

1 '집 앞의 눈은 치워야 하나요?'라는 주제로 글을 쓰려고 합니다. 빈칸에 알맞은 내용을 써 봅시다.

1 〈제목 정하기〉

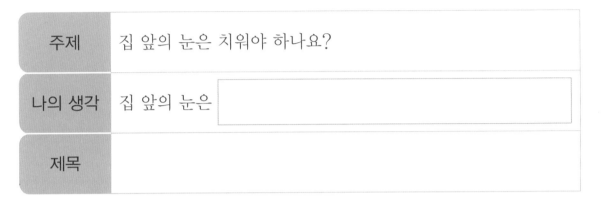

주제	집 앞의 눈은 치워야 하나요?
나의 생각	집 앞의 눈은
제목	

💬 **이런 제목도 있어요.**
- 우리 집 앞의 눈 스스로 치워요.
- 집 앞에서 눈사람을 만들고 싶어요.

2 〈처음〉 • 눈길에서 넘어져 다친 사람을 본 경험
   • 눈길 교통사고와 관련된 신문 기사 또는 뉴스
   • 눈을 모두 쓸어 내어 눈사람을 못 만든 경험

내 생각을 뒷받침할 만한 경험을 떠올려 봅시다.

언제	
어디서	
어떤 일이 있었나요?	
어떤 기분이 들었나요?	

3 〈가운데〉자신의 생각에 ○ 하고, 그렇게 생각한 까닭을 생각 그물로 표현해 봅시다.

나의 생각

· 집 앞의 눈은 치워야 한다.
· 집 앞의 눈은 치울 필요가 없다.

4 〈끝〉자신의 생각에 대한 까닭을 간단하게 정리하고, 강조하여 봅시다.

집 앞의 눈을 쓸면

그러므로 우리 집 앞의 눈은

생각 퍼뜨리기

1 앞에서 정리한 내용을 바탕으로 자신의 생각을 글로 써 봅시다.

제목: _____

나는 ....

....

....

....

따라서 나는 집 앞의 눈은   생각한다.

그 까닭은 첫째, ...

....

....

둘째, ...

....

....

....

....

그러므로 집 앞의 눈은 ....

1 눈과 관련된 동시를 감상하고 시화를 완성해 봅시다.

눈

윤동주

지난밤에
눈이 소복이 왔네.
지붕이랑
길이랑 밭이랑
추워한다고
덮어 주는 이불인가 봐

그러기에
추운 겨울에만 내리지.

D

하나뿐인 지구

자연애는 자연을 존중하고 아끼며 사랑하는 마음입니다.

D-1 지구가 아파요

공부할 문제 「지구가 아파요」를 읽고 지구를 지킬 수 있는 방법을 찾아봅시다.

생각 틔우기

1 몸이 아플 때, 몸이 빨리 나으려면 어떻게 해야 하는지 올바른 행동 두 가지를 찾아 ○ 해 봅시다.

2 자신의 몸이 아프거나 다쳤을 때 안 좋은 점에는 무엇이 있는지 써 봅시다.

_____

_____

3 다음 그림을 보고 물음에 답하여 봅시다.

1 물고기가 죽은 까닭은 무엇일지 써 봅시다.

_____

2 죽은 물고기를 보고 어떤 생각이 들었는지 써 봅시다.

_____

_____

배경
지식

4 다음 중 지구에 대한 설명으로 알맞은 것에 ⭐ 붙임 딱지를 붙여 봅시다.
(책의 맨 뒤에 있는 붙임 딱지를 사용합니다.)

■ 지구는 네모난 모양입니다.	
■ 지구에는 인간만 살고 있습니다.	
■ 우주에서 본 지구는 푸른색으로 보입니다.	
■ 우리는 지구를 깨끗하게 사용해야 합니다.	
■ 지구는 점점 추워지고 있습니다.	

5 다음 글의 제목으로 보아, 어떤 이야기일지 짐작하여 써 봅시다.

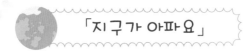
「지구가 아파요」

1 낱말과 낱말 뜻을 알맞게 선으로 이어 봅시다.

온도	•	•	정성을 기울여 보호하며 돕다.
뿜다	•	•	속에 있는 것을 밖으로 세게 밀어 내다.
연기	•	•	짐작해 가늠하거나 미루어 생각하다.
헤아리다	•	•	무엇이 불에 탈 때 생겨나는 흐릿한 기체나 기운.
보살피다	•	•	따뜻함과 차가움의 정도. 또는 그것을 나타내는 수치.

이런 말 이런 뜻
가늠하다: 사물을 어림 잡아 헤아리다.
수치: 계산하여 얻은 값.

2 다음 낱말을 사용하여 짧은 글을 지어 봅시다.

보살피다 _____

헤아리다 _____

온도 _____

지구가 아파요

이주영

므두셀라는 오천 년 가까이 살아오면서 이런 광경은 처음 보았어요. 지구가 내뿜는 뜨거운 입김이 하늘을 뒤덮고, 바다를 펄펄 끓게 만들었어요. 심한 더위와 추위가 세상을 휩쓸었지요.

휘이잉 휘이잉 태풍이 몰려왔어요. 농작물은 바싹바싹 메말라 갔고요. 홍수가 일어나고 빙하가 녹는 바람에 세상은 온통 물에 잠겼어요. 먹을 것을 구하기 힘들어 바싹 야윈 북극곰은 자기 새끼를 잡아먹었어요.

므두셀라도 메말라 갔어요. 더 이상 잎이 자라지 않고, 서 있기도 힘겨워졌지요. 므두셀라는 그 이유를 알았어요. 지구가 너무 아파 열이 나고 지쳐서 더 이상 아무 일도 하지 않기 때문이지요.

후유……. 지구가 한숨을 쉬자 사막이 늘어났어요. 지구가 한숨을 쉴 때마다 식물과 곤충, 동물이 하나둘씩 사라졌답니다.

내용 파악하기

1 지구가 아픈 뒤 나타난 변화로 알맞은 것에는 ○, 알맞지 않은 것에는 ✕ 해 봅시다.

1 식물과 동물이 사라졌습니다. (   )

2 나무가 많아졌습니다. (   )

3 사막이 늘어났습니다. (   )

4 바다의 온도가 올라갔습니다. (   )

므두셀라는 모든 과정을 지켜봤어요. 그동안 사람들은 지구를 보살피지 않았어요. 지구의 아픔을 헤아리려고 하지도 않았어요. 나무를 함부로 베고, 그 자리에 공장과 집을 지었어요. 공장에서 연기를 내뿜으며 물건을 만들고, 소와 돼지 등 가축을 키우면서 해로운 물질을 내보냈지요.

지구는 연기와 해로운 물질을 깨끗하게 만드느라 한순간도 쉴 수가 없었어요. 그래서 시름시름 앓게 됐지요. 그러면서 스스로 온도를 조절하는 힘을 잃는 바람에 열이 끓고 심한 더위와 추위, 홍수와 가뭄이 일어났답니다.

바다 밑바닥도 사막처럼 변했어요. 바위에 달라붙어 살던 미역과 다시마 등 해조류가 사라지고, 하얗게 변한 바위들만 남았지요. 공장에서 내보내는 더러운 물질과 기름이 바닷물의 온도를 높였기 때문이죠.

결국 지구는 몸과 마음의 병이 점점 깊어졌고, 세상은 온통 잿빛으로 변했어요. 하지만 사람들은 자신들의 잘못은 모른 채 병든 지구를 버리고 다른 행성으로 옮겨 살 계획을 세웠어요.

이런 말 이런 뜻
잿빛: 회색빛.
행성: 스스로 빛을 내지 못하고, 중심 별의 주위를 도는 천체. 태양계에는 지구와 화성 등 8개의 행성이 있다.

내용
파악하기

2 지구가 아프게 된 까닭은 무엇인지 써 봅시다.

_____

_____

므두셀라는 지구를 어떻게 위로해야 할지 몰랐어요. 그래서 마른 가지로 땅을 비비다가 눈물을 흘렸지요. 므두셀라의 눈물 한 방울이 땅에 툭 떨어지자 초록 불빛이 반짝였어요. 그 불빛은 므두셀라의 뿌리를 타고 내려가더니 가지를 타고 올라와 하늘을 뒤덮었어요. 그러자 곳곳에서 나무들이 뿌리를 내리며 자라기 시작했답니다.

공장 기계와 자동차도 멈췄어요. 꿀벌과 새들이 돌아왔어요. 바다 밑바닥에는 해조류가 뿌리를 내리고, 물고기도 돌아왔어요. 사람들도 지구를 떠나려던 계획을 멈추고, 씨앗을 심고 물도 줬지요.

초록 불빛이 다시 한번 번쩍! 초록 불빛은 잿빛을 몰아내고 하늘과 땅, 바다를 두루두루 비추었어요. 지구는 지구 위에 살고 있는 곤충, 식물, 동물, 사람을 위해 다시 일을 할 힘이 났어요.

3 므두셀라가 눈물을 흘리자 어떤 일이 일어났는지 써 봅시다.

_____

_____

내용 정리하기

1 이야기의 내용을 생각하며 다음 물음에 답하여 봅시다.

1 일이 일어난 순서에 맞게 번호를 써 봅시다.

2 1의 그림을 바탕으로 이야기를 간추려 써 봅시다.

사람들이 나무를 함부로 베고 공장을 지었어요.

_____

_____

지구는 곤충, 식물, 동물, 사람을 위해 다시 일을 할 힘이 났어요.

2 초록 불빛의 이름을 지어 주고, 그렇게 이름을 지은 까닭을 써 봅시다.

이름: _____

이름을 지은 까닭: _____

_____

1 초록 불빛이 또다시 번쩍이며 지구를 어떻게 치료해 주었는지 써 봅시다.

_____

_____

2 므두셀라와 초록 불빛이 지구를 치료하기 전과 후의 모습을 붙임 딱지에서 찾아 붙여 봅시다. (책의 맨 뒤에 있는 붙임 딱지를 사용합니다.)

치료 전	치료 후

3 아픈 지구를 계속 치료해 주지 않는다면 어떤 일이 발생할지 상상하여 글 또는 그림으로 표현해 봅시다.

4 다음 그림에 알맞은 지구의 모습을 선으로 이어 봅시다.

5 자신이 살고 싶은 지구에 ○ 하고, 그것을 선택한 까닭을 써 봅시다.

아프고 병든 자연환경의 지구	건강한 자연환경의 지구
( )	( )

선택한 까닭: _____

_____

일반화

1 지구의 자연환경을 보호할 수 있는 행동으로 알맞으면 ○, 알맞지 않으면 ✕ 해 봅시다.

쓰레기를 함부로 버리지 않는다.	
일회용품을 계속 사용한다.	
분리수거를 열심히 한다.	
화단의 풀과 꽃을 밟는다.	
산에 나무를 심는다.	

이런 말 이런 뜻

함부로: 조심하거나 깊이 생각하지 아니하고 마음 내키는 대로 마구.
일회용품: 한 번만 쓰고 버리도록 되어 있는 물건.

2 자신이 생각하는 깨끗한 자연환경을 그림 또는 글로 표현해 봅시다.

1 지구를 병들게 하는 다음 행동들을 참고하여, 지구를 지키기 위한 서약서를 완성해 봅시다.

서 약 서

나는 지구를 지키기 위해서
아래와 같이 행동할 것을 약속합니다.

첫째. _____

둘째. _____

셋째. _____

20____년____월____일

_____

D-2 갯벌의 생물

공부한 날 _____년 _____월 _____일

공부할 문제   관찰 기록문의 특징을 알고 갯벌의 생물에 대하여 알아봅시다.

배경 지식

1 바닷가에 갔던 경험을 생각하며, '바다' 하면 떠오르는 것을 생각 그물로 완성해 봅시다.

바다

2 다음 생물이 살고 있는 곳에 ◯ 해 봅시다.

갯지렁이

비단고둥

(   )

(   )

(   )

관찰 기록문: 어떤 대상을 관찰하고, 크기, 모양, 시간에 따른 변화 등을 사실대로 기록한 글입니다.

1 낱말과 낱말 뜻을 알맞게 선으로 이어 봅시다.

체험	●	●	서쪽에 있는 해안 (바다와 육지가 맞닿은 부분).
동의하다	●	●	자기가 직접 몸으로 겪음. 또는 그런 경험.
서해안	●	●	다른 사람과 의견을 같이하다.

1 다음 글을 읽고 떠오르는 동물의 생김새를 그림으로 그려 봅시다.

붉은색이며 별 모양이다. 주로 바닷가 바위 밑이나 바위에 붙어서 산다. 껍질은 딱딱한 편이다.

가늘고 긴 줄 모양이며 다리가 무척 많다. 머리에는 여러 가닥의 실이 달려 있다.

생각 키우기

갯벌의 생물

우리 가족은 어린이날을 맞이하여 갯벌 체험을 다녀왔다. 놀이동산에 가고 싶었지만 엄마께서 갯벌에 살고 있는 생물들을 관찰해 보고, 갯벌 체험도 해 보자고 하셨다. 내가 가고 싶었던 곳은 아니지만 아빠와 오빠까지 엄마의 의견에 동의했기 때문에 엄마의 의견에 따를 수밖에 없었다.

태안반도에 위치한 안면도 주변 바다에 도착하자 썰물이 빠진 넓고 넓은 갯벌이 눈앞에 펼쳐졌다. 갯벌에는 많은 사람들이 있었다. 옷과 신발이 더러워질 것 같아 잠시 고민되었지만 나는 아빠를 따라 갯벌 안으로 들어갔다. 진흙 속에 발이 푹푹 빠져 들어 걸음을 떼기 무척 힘들었다. 하지만 오빠와 갯벌에서 잡기 놀이를 하니 운동장에서 하는 것과는 다른 재미가 있었다.

오빠는 조그만 게들을 열심히 쫓아다니고, 나는 조개를 찾아보았다. 여러 가지 모양의 조개와 게, 고둥들이 참 많았다. 우리를 지켜보시던 아빠께서는 갯벌이 '지

구의 청소부'라고 설명해 주셨다. 우리가 사용한 오염된 물과 쓰레기는 강을 통해 바다로 흘러가고, 그 오염 물질을 갯벌에 살고 있는 미생물들이 깨끗하게 바꿔 준다고 한다. 엄마, 아빠께서 우리를 갯벌에 데리고 오신 이유를 알 것 같았다. 우리 가족은 갯벌 생물을 관찰해 보기로 하였다.

이런 말 이런 뜻

오염: 더럽게 물듦.
미생물: 눈으로는 볼 수 없는 아주 작은 생물. 보통 세균, 효모, 원생동물 등.

내용
파악하기

1 우리 가족은 어린이날 어디에 갔는지 써 봅시다.

_____

2 아빠가 말씀하신 갯벌의 별명은 무엇인지 써 봅시다.

_____

** 갯벌의 생물 관찰 기록문 **

장소: 안면도 주변 바다

날짜: 20○○년 5월 5일

기록자: 이주영

---

1. 생물 이름: 불가사리

    생긴 모습: 붉은색, 별 모양

    관찰 장소: 바위 밑

    기타 특징:

불가사리

   1) 바위에 붙어 살며 조개, 굴 등을 먹는다. 어민들은
       조개와 굴을 먹어 치워 싫어한다고 한다.

   2) 재생 능력이 뛰어나 몸을 잘라 내도 원래의 모습으로 돌아갈 수 있다.

---

2. 생물 이름: 갯지렁이

    생긴 모습: 가늘고 길며 다리가 매우 많다.

    관찰 장소: 갯벌 속

    기타 특징:

갯지렁이

   1) 갯벌에 여기저기 구멍을 내고 꼼지락거리며 다닌다.
       그 구멍으로 산소와 바닷물이 통하기 때문에 갯벌이 보존되는 것이라고 한다.

   2) 머리에 여러 가닥의 실이 붙어 있는 갯지렁이도 있었다.

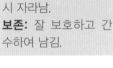

이런 말 이런 뜻

재생: 손상된 부분에 새로운 조직이 생겨 다시 자라남.

보존: 잘 보호하고 간수하여 남김.

내용
파악하기

3 불가사리의 먹이는 무엇인지 써 봅시다.

---

4 빈칸에 알맞은 말을 써 봅시다.

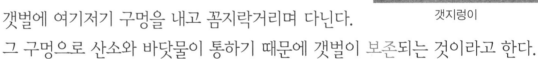

갯지렁이가 파 놓은 구멍으로 [　][　] 와 [　][　][　] 이 통해 갯벌이 보존된다.

3. 생물 이름: 비단고둥

   생긴 모습: 둥근 모양, 껍데기가 단단하다.

   관찰 장소: 갯벌 위

   기타 특징:

   1) 고둥은 조개를 덮쳐 조개껍데기에 구멍을 뚫고 조
      갯살을 녹여 먹는다.

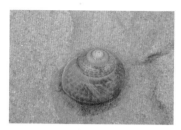

비단고둥

4. 생물 이름: 흰물떼새

   생긴 모습: 다리가 길고 뾰족한 부리가 있다. 배의 털
   은 흰색이고, 등은 연한 갈색이다.

   관찰 장소: 갯벌 위

   기타 특징:

   1) 고둥, 갯지렁이, 조개 등을 먹는다.

   2) 우리나라에 계속 사는 것이 아니라 봄이나 가을에 찾아와 잠시 머문다고 한다.

흰물떼새

이런 말 이런 뜻

머무르다: 도중에 멈추거나 일시적으로 어떤 곳에 묵다.

간척지: 바다나 호수 따위를 둘러막고 물을 빼내어 만든 땅.

훼손: 헐거나 깨뜨려 못 쓰게 만듦.

   내가 알지 못했던 많은 생물이 갯벌에 살고 있다는 것을 알게 되었다. 우리나라의 서해안 갯벌은 세계 5대 갯벌 중 하나로 손꼽히는 유명한 갯벌이라고 한다. 하지만 밀물과 썰물의 차를 이용해 전기를 만드는 조력 발전소와 간척지를 만들면서 갯벌이 많이 훼손되었다고 하니 참 아쉬운 일이다.

   갯벌은 한번 메우면 다시는 되살리지 못한다고 한다. 결국 갯벌 속 생물들도 모두 사라지게 되는 것이다. 갯벌을 소중히 지키고 가꾸어야겠다는 생각이 들었다.

내용
파악하기

5 서해안 갯벌이 훼손된 까닭을 찾아 써 봅시다.

1 관찰 기록문의 내용을 생각하며, 다음 물음에 답해 봅시다.

1 무엇을 관찰한 내용인지 써 봅시다.

_____

2 갯벌에 살고 있는 생물을 모두 찾아 ○ 해 봅시다.

3 갯벌이 사라지면 안 좋은 점을 글에서 찾아 써 봅시다.

_____

_____

1 다음 그림에서 갯벌을 훼손하는 사람을 찾아 ○ 해 봅시다.

(   )   (   )

2 자신이 갯벌 체험을 간다면 무엇을 관찰하고 싶은지 자유롭게 써 봅시다.

_____

창의성

1 다음 글을 참고하여 우리 주변에서 볼 수 있는 동물이나 식물을 관찰한 후 관찰 기록문을 써 봅시다.

관찰한 것: 꿀벌

이름: ○○○

꿀벌은 다른 곤충들처럼 머리, 가슴, 배로 이루어져 있다. 날개는 앞날개와 뒷날개로 이루어져 있으며 다리에는 잔털이 붙어 있어 꽃가루가 잘 붙는다.

배 끝에는 침이 있는데 위험할 때 사용한다고 한다. 온종일 열심히 꽃의 꿀을 모아 우리에게 꿀을 얻게 해 준다.

관찰 기록문을 쓰는 순서
1. 관찰 대상 정하기
2. 관찰 계획 세우기
3. 관찰하기
4. 자료 모으기(사진, 그림, 참고 도서)
5. 글쓰기
6. 글다듬기

관찰한 것: _____

사진을 붙이거나 그림을 그려 봅시다.

관찰 내용: ....
....
....

관찰 후 느낀 점: ....
....
....

D-3 동물의 삶터 지켜야 할까요

공부한 날 _____년 _____월 _____일

공부할 문제 동물의 삶터를 지켜야 하는지에 대한 자신의 생각을 써 봅시다.

생각 틔우기

배경
지식

1 자신이 가장 좋아하는 동물을 그리고, 그 동물을 좋아하는 까닭을 써 봅시다.

●동물 이름: _____

●좋아하는 까닭: _____

_____

2 친구와 함께 좋아하는 동물 맞히기 다섯고개 놀이를 해 봅시다.

다섯고개의 질문은
'예', '아니요'로 대답할
수 있어야 합니다.

다섯고개 놀이의 질문을 생각
하여 써 봅시다.

1 육식 동물입니까?

2 다리가 4개입니까?

3 _____

4 _____

5 _____

친구가 좋아하는 동물은?

친구 이름	좋아하는 동물

이런 말 이런 뜻
육식 동물: 동물의 고
기를 먹고 사는 동물.

1 동물의 삶터를 알맞게 선으로 이어 봅시다.

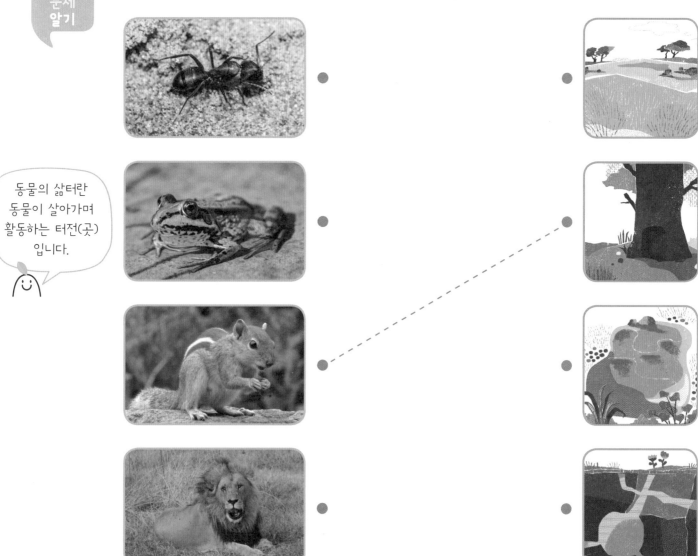

동물의 삶터란 동물이 살아가며 활동하는 터전(곳)입니다.

2 동물들이 갑자기 살 곳을 잃게 된다면 어떻게 될지 써 봅시다.

_____

_____

_____

생각 키우기

삶터를 잃은 지미

아기 다람쥐 지미는 가족들과 숲에 살고 있습니다. 숲은 다람쥐들에게 재미있는 놀이터와 포근한 잠자리를 제공해 주는 고마운 곳입니다.

어느 날, 지미가 사는 숲이 소란스러워졌습니다. 낯선 사람들과 알 수 없는 기계들이 보이기 시작했습니다.

"이 숲은 골프장을 만들기에 아주 좋군요."
"저쪽에는 나무를 베어 내고 호수를 만듭시다."
지미의 집이 있는 곳을 가리키며 사람들이 이야기했습니다.

숲의 나무를 베어 내자 다람쥐들은 먹이인 도토리와 밤을 찾을 수 없게 되었습니다. 아기 다람쥐 지미와 가족들이 살던 굴도 없어졌습니다.

지미가 살던 숲은 많은 것이 달라졌습니다. 자동차와 사람들이 점점 더 많아졌습니다.

지미와 가족들은 살아갈 곳을 잃었습니다. 하지만 이곳을 방문하는 사람들은 무척 즐거워 보입니다.

이런 말 이런 뜻
소란스럽다: 시끄럽고 어수선한 데가 있다.
베다: 날이 있는 연장 따위로 무엇을 끊거나 자르거나 가르다.

생각 키우기 😊

문제 해결 방법 알기

1 이야기의 내용을 생각하며 다음 물음에 답하여 봅시다.

1 아기 다람쥐 지미가 살던 숲은 어떻게 달라졌는지 써 봅시다.

2 삶터를 잃은 다람쥐들은 어떤 생각을 하였을지 써 봅시다.

2 다음 글을 읽고 북극곰들이 삶터를 잃은 까닭은 무엇인지 써 봅시다.

북극곰

캐나다 환경부 보고서에 의하면 2004년 1600마리였던 북극곰이 2010년 900마리로 줄었다고 한다. 북극곰의 수가 줄어든 큰 이유는 북극곰이 살아갈 곳을 잃었기 때문이다.

숲의 파괴와 자동차 매연 등으로 인해 지구의 온도가 올라갔고, 지구의 온도가 오르자 빙하가 녹고 바닷물의 높이가 높아져 북극곰들의 삶터는 바닷물에 잠기게 되었다.

이런 말 이런 뜻
파괴: 때려 부수거나 깨뜨려 헐어 버림.
매연: 연료가 탈 때 나오는, 그을음이 섞인 연기.

3 자신의 생각과 같은 문장을 찾아 ○ 해 봅시다.

사람들의 편리함을 위해 동물들의 삶터를 빼앗는 것은 잘못된 행동이다.

사람들의 편리함을 위해서라면 동물들의 삶터가 없어지는 것은 어쩔 수 없다.

1 동물의 삶터를 보호하는 행동에는 ○, 삶터를 망가뜨리는 행동에는 △ 해 봅시다.

■ 산에 나무를 심는다.	
■ 강가의 쓰레기를 줍는다.	
■ 산을 깎아 내고 공장을 짓는다.	
■ 바닷물을 메워 땅을 만든다.	
■ 숲 속의 나무를 베어 종이를 만든다.	
■ 동물을 사랑하는 마음을 갖는다.	
■ 경치가 좋은 곳에 놀이공원을 만든다.	

2 동물의 삶터를 지켜 줄 때 좋은 점과 나쁜 점을 써 봅시다.

좋은 점	나쁜 점
■ 동물들이 사라지는 것을 막을 수 있다. ■ ■	■ 경치 좋은 곳에 놀이공원을 만들 수 없다. ■ 나무로 만든 물건을 쓰기 힘들어진다. ■

1 '동물의 삶터 지켜야 할까요'라는 주제로 글을 쓰려고 합니다. 빈칸에 알맞은 내용을 써 봅시다.

1 〈제목 정하기〉

주제	동물의 삶터 지켜야 할까요
나의 생각	동물의 삶터는
제목	

💬 **이런 제목도 있어요.**

• 동물의 집을 빼앗지 말아 주세요.
• 동물의 삶터보다 놀이공원을 만들어 주세요.

2 〈처음〉 글 ㈎와 ㈏ 중 하나를 선택해 요약해 써 봅시다.

㈎　○○산을 깎아서 아파트를 짓는 공사로 인해 살아갈 곳을 잃은 청설모가 많아졌다. 최근 조사한 바로는 ○○산에 살고 있는 청설모의 수는 3년 전과 비교해 50마리 이상 줄어든 것으로 확인되었다.

㈏　△△시는 자동차를 만드는 공장이 생기면서 사람들이 많이 모여들기 시작했다. 도시가 발전하고, 일자리가 생기면서 사람들의 만족도도 높아졌다. 공장이 있던 곳에 살던 야생 동물들을 생각하면 마음이 아프지만 사람들에게 편리한 자동차를 만드는 일이니 어쩔 수 없다고 생각한다.

초고
쓰기

3 〈가운데〉 자신의 생각을 찾아 ◯ 하고, 그것을 뒷받침할 수 있는 까닭을 생각 그물로 나타내 봅시다.

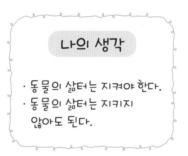

나의 생각

· 동물의 삶터는 지켜야 한다.
· 동물의 삶터는 지키지 않아도 된다.

4 〈끝〉 다시 한번 자신의 생각을 강조하여 쓰고 마치는 글을 써 봅시다.

그러므로 동물의 삶터는 ....

....

....

....

글쓰기

1 앞에서 정리한 내용을 바탕으로 자신의 생각을 글로 써 봅시다.

제목: _____

....

....

....

....

따라서 나는 동물의 삶터는   생각한다.

그 까닭은 첫째,
....

....

....

둘째,
....

....

....

그러므로 동물의 삶터는
....

....

....

작품화 하기

1 아기 곰의 삶터를 지켜 주는 사람을 모두 찾아 ☺ 붙임 딱지를 붙이고, 아기 곰의 입장이 되어 감사의 인사를 써 봅시다. (책의 맨 뒤에 있는 붙임 딱지를 사용합니다.)

EBS 논술톡의

해답

A 소중한 나

A-1 뾰족뾰족 고슴도치 치치

9쪽 배경지식

1 예 • 내가 좋아하는 것: 장난감
• 내가 싫어하는 것: 책 읽기
• 내가 잘하는 것: 줄넘기, 달리기
• 나를 사랑하는 사람: 부모님

2 예

이름	김	미	정
한자	金	美	貞
뜻	아름답고 바른 사람이 되어라.		

10쪽 낱말 익히기

1 서럽다 / 흉측하다 / 쫑긋

2

방실방실		입을 살짝 벌리고 소리 없이 밝게 웃는 모양.
절레절레		머리를 좌우로 자꾸 흔드는 모양.
빽빽하게		틈이나 간격이 매우 좁거나 작게.

11쪽 예측하기

1 1 예 고슴도치, 공작새, 토끼
2 예 숲 속
3 예 고슴도치가 친구 공작새, 토끼와 함께 놀다가 다투고 화해하는 내용일 것 같습니다.

12쪽 내용 파악하기

1

루루의 멋진 점	하얀 털, 소리를 잘 듣는 귀, 달리기 실력
투투의 멋진 점	멋진 꼬리

13쪽 내용 파악하기

2 ( ) (○) ( )

14쪽 내용 파악하기

3 치치가 자신을 사랑하지 않고 친구들만 부러워하는 모습이 속상하고 안타까워서

4 흘끔

15쪽 내용 파악하기

5 친구를 보호하고 자신이 대신 잡혀가려고

16쪽 내용 파악하기

6 (×) (○) (×)

17쪽 내용 정리하기

1

등장인물	아기 고슴도치 치치, 엄마 고슴도치, 토끼 루루, 공작새 투투
일이 일어난 곳	숲 속, 학교 가는 길

2

고슴도치 치치, 토끼 루루 , 공작새 투투 가 숲 속에서 놀고 있었어요.

↓

치치가 친구들의 날개, 보드라운 털, 달리기 실력 등을 부러워하며 울자
엄마는 치치가 자랄수록 스스로 고슴도치도 충분히 멋지다는 사실을 깨닫게 될 것이라고 말씀하셨어요.

↓

독수리가 날아와 치치와 루루를 낚아채려고 할 때
치치가 루루를 온몸으로 감싸 보호했어요.

↓

루루가 고마워하며 치치의 뾰족뾰족 가시가 갑옷처럼 멋지다고 이야기하자 치치의 마음에 무지개가 떴어요.

18쪽 느낌 · 생각

1

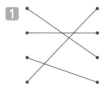

19쪽 느낌 · 생각

2 • 예 치치야, 너무 속상해하지 마. 네 뾰족뾰족 가시 털이 꼭 필요한 순간이 있을 거야.

- **예** 치치야, 자신보다 친구를 먼저 생각하며 친구를 보호할 줄 아는 네 예쁜 마음가짐은 누구보다 멋져.

20쪽 일반화

1 예

질문	대답
나의 좋은 점은 무엇입니까?	항상 최선을 다하고, 부모님 말씀을 잘 듣습니다.
내가 잘하는 것은 무엇입니까?	달리기와 줄넘기를 잘합니다.
나의 꿈은 무엇입니까?	선생님이 되고 싶습니다.
나는 다른 사람에게 어떤 도움을 주었습니까?	수학 문제를 모르는 친구를 가르쳐 주었습니다.

2 평소 나에 대한 생각을 붙임 딱지로 붙이면 정답입니다.

21쪽 창의성

1 1 예

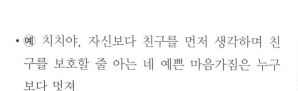

배 속의 아가야, 건강하게 잘 자라렴.

2 예

정말 행복해. 온 세상을 다 얻은 기분이야.

건강하게 태어나 줘서 고마워.

2 예 부모님을 잘 도와 드리며, 부모님께 기쁨을 드리기 때문입니다.

A-2 「강아지똥」을 읽고

23쪽 독서 감상문

1

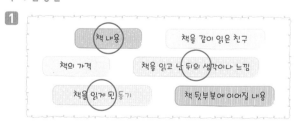

책 내용   책을 같이 읽은 친구
책의 가격   책을 읽고 난 뒤의 생각이나 느낌
책을 읽게 된 동기   책 뒷부분에 이어질 내용

2 1 생각, 느낌   2 동기   3 생각   4 정보

24쪽 내용 파악하기

1 선생님

2 강아지똥을 무시하여서

25쪽 내용 파악하기

3 "그 봐! 강아지똥! 너도 쓸모가 있잖아?, 예쁜 꽃을 피우는 데 네가 거름이 되면 민들레꽃을 피울 수가 있다잖아?"

4 나도 지금은 강아지똥처럼 어리고 힘이 약한 어린이지만 열심히 공부하고 운동하며 튼튼하게 자라 언젠가는 남을 도울 수 있는 훌륭한 사람이 되어야겠다.

26쪽 내용 정리하기

1 책을 읽게 된 동기
책 내용
책을 읽고 난 뒤의 생각이나 느낌

27쪽 글쓰기

1 제목: 「흥부와 놀부」를 읽고

나는 학예회에서 흥부와 놀부 연극을 본 후 도서관에서 「흥부와 놀부」를 빌려 읽었다.

흥부와 놀부는 형제인데 놀부는 부자이고 흥부는 가난하였다. 어느 날 흥부는 마당에 떨어져 다리가 부러진 제비를 치료해 주었다. 이듬해 봄 그 제비가 박씨를 가져다주어서 심었더니 박 속에서 금은보화가 나와 흥부는 부자가 되었다. 이 소문을 들은 놀부는 강제로 제비 다리를 부러뜨리고 박씨를 얻었다. 하지만 박 속에서 도깨비가 나와 놀부네 집은 망하게 되었고, 결국 빈털터리가 된 놀부는 착한 흥부와 함께 살게 되었다.

난 놀부를 보며 얄밉다는 생각이 들었지만 한편으로는 평소 나에게 괴롭힘을 당하는 동생에게 미안한 마음이 들었다. 그리고 흥부를 보며 착한 행동을 하면 나중에 좋은 일이 생긴다는 것을 알았다.

나도 앞으로 욕심 부리지 말고 동생과 사이좋게 지내야겠다.

A-3 내가 소중한 까닭은 무엇일까요

29쪽 배경지식

1
1 예 고른 내 이입니다. 가지런하고 단정해 보이기 때문입니다.
2 예 엄마, 아빠를 닮았습니다.
3 예 줄넘기입니다.

30쪽 배경지식

2 예 홍기동 / 20○○ / 5 / 12 / 운동 / 김치 / 엄마, 아빠 / 엄마, 아빠와 함께 운동할

3 예 이승신 / 20○○ / 10 / 24 / 맛있는 음식 / 공부 / 동생 / 동생과 함께 맛있는 음식을 먹을

32쪽 문제 해결 방법 알기

1
1 이상하게 생기고 잿빛의 미운 모습이어서
2 백조가 되었습니다.
3 미운 오리 새끼는 가장 아름다운 백조가 되었습니다.

2
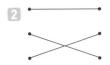

33쪽 문제 해결 방법 알기

3 예

■ 나를 자랑스럽게 생각하기	☺
■ 오늘 해야 할 일에 최선을 다하기	☺
■ 미운 친구에게 욕하기	><;
■ 내가 좋아하는 음식만 골라 먹기	><;
■ 시험 점수가 나쁜 나를 미워하기	><;
■ 규칙적으로 운동하기	☺
■ 나는 왜 달리기를 못할까 슬퍼하기	><;
■ 내가 잘하는 것을 찾아 더욱 노력하기	☺
■ 부모님께 감사하기	☺

4 예 (○) ( )

34쪽 초고 쓰기

1
1 예 소중합니다. / 우리 집 보물 ○○○
2 예 부모님이 나를 낳으시고 기뻐하셨을 때 / 친구들이 나를 칭찬할 때 / 친구를 도와주었을 때

35쪽 초고 쓰기

3 예 나의 생각: 나는 소중합니다.
• 내가 잘하는 것: 부모님 말씀 잘 듣기, 스스로 공부하기, 줄넘기, 달리기
• 미래의 나의 꿈: 선생님
• 나를 좋아하는 사람들: 부모님, 동생, 친구들

4 예 맡은 일을 스스로 끝까지 하고, 부모님과 선생님 말씀을 잘 듣겠습니다.

36쪽 글쓰기

1 예 제목: 우리 집 보물 ○○○

나는 부모님이 나를 낳으시고 기뻐하셨을 때, 친구들이 나를 칭찬할 때, 운동회 달리기 시합에서 1등을 했을 때 내가 소중하다고 느꼈습니다. 내가 소중한 까닭을 자세히 알아보면 첫째, 나는 평소에 부모님 말씀을 잘 듣고, 스스로 공부하고, 줄넘기, 달리기 등 잘하는 것이 많습니다.

둘째, 부모님, 동생, 친구들이 저를 좋아하고 소중하게 생각합니다.

셋째, 나는 나중에 훌륭한 선생님이 되어서 학생들을 잘 가르칠 것입니다.

그러므로 나는 소중한 나를 위해 앞으로 스스로 공부를 열심히 하고, 선생님과 부모님 말씀을 더 잘 듣도록 하겠습니다.

37쪽 작품화 하기

1 예 자신의 자랑거리가 잘 드러나도록 그림을 그리고 글을 써넣어 봅니다.

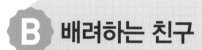

B 배려하는 친구

B-1 이런 별명 어때

41쪽 배경지식

1

구분	남을 배려했거나 배려하지 못했던 일	표시
친구	예 친구에게 준비물을 빌려줬어요.	○
	친구가 넘어져 아파하는데 크게 웃었어요.	×
가족	예 아빠의 어깨를 주물러 드렸어요.	○
	엄마가 오므라이스를 해 주셨는데 맛이 없다고 투정을 부렸어요.	×
이웃, 모르는 사람	공연장에서 공연을 보면서 음식을 먹었어요.	×
	예 뒤에 오는 사람을 위해 엘리베이터 문을 잡고 기다렸어요.	○
기타	강아지가 배고플 시간에 사료를 줬어요.	○
	예 화분에 물을 주고, 햇빛도 쬐어 줬어요.	○

2

전학을 와서 친구들과 처음 만날 때	예 긴장하다, 초조하다, 설레다, 불안하다, 기대되다, 걱정스럽다 등
친구들에게 놀림을 받을 때	예 속상하다, 괴롭다, 억울하다, 불쾌하다, 우울하다, 서글프다, 울고 싶다 등
친구들에게 인정을 받을 때	예 행복하다, 자랑스럽다, 우쭐하다 등

42쪽 낱말 익히기

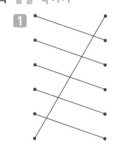

2 1 예 언덕 위에 집 한 채가 덩그렇게 있습니다.
2 예 책들이 흩어져 있어 책상 위가 어수선합니다.

43쪽 예측하기

1 1 예 친구들, 남자아이

2
| 교 | 실 | | , | 화 | 장 | 실 |

3 예 별명 때문에 친구들끼리 싸우다가 화해할 것 같습니다.

44쪽 내용 파악하기

1 현욱이의 성인 '변' 씨를 친구들이 '똥'으로 바꿔 부르며 놀리기 때문에

2 생김새나 행동을 관찰해서 별명을 짓는 것은 괜찮지만 소중한 이름을 마음대로 바꿔 별명을 짓는 것은 옳지 않다고 생각하고 있습니다.

45쪽 내용 파악하기

3 ( ) ( ) (○)
4 두리번

46쪽 내용 파악하기

5 1 × 2 ×
6 현욱이가 화장실에서 똥을 누어서

47쪽 내용 파악하기

7 2학년 2반 친구들 별명 짓기
8 '생김새로 별명 짓기', '잘하는 것으로 별명 짓기', '행동으로 별명 짓기'

48쪽 내용 파악하기

9 함박웃음

49쪽 내용 정리하기

1 1
등장인물	현욱이, 성준이, 민지, 선생님, 친구들, 엄마
일이 일어난 때	수업 시간, 쉬는 시간
일이 일어난 곳	교실, 화장실, 집

2

현욱이가 새로운 학교로 전학을 왔습니다.

↓

현욱이가 화장실에서 대변을 보는데 짓궂은 성준이와 몇몇 아이들이 현욱이를 '똥현욱', '똥쟁이'라고 놀렸습니다.

↓

집에 돌아온 현욱이는 '2학년 2반 친구들 별명 짓기' 공책을 만들었습니다.

↓

쉬는 시간에 현욱이 짝꿍 민지가 '2학년 2반 친구들 별명 짓기' 공책을 발견하고 친구들에게 이야기했습니다.

↓

선생님께서 현욱이를 칭찬하시고, 현욱이에게 '변 작가님'이라는 별명을 지어 주셨습니다.

50쪽 느낌 · 생각

1

역할	기분
현욱이 역할을 한 학생	예 새로운 학교로 전학 왔는데 친구들이 또 놀려서 답답하고 속상했어요. 게다가 이름을 갖고 놀리는 것을 넘어서 대변을 눈다고 놀리며 별명을 붙이니까 더 억울했어요. 계속 이렇게 놀림을 받으면 친구들이 미워지고, 학교 다니기 싫어질 거예요.
성준이 역할을 한 학생	예 앞장서서 친구를 놀리고 별명을 붙이는 것이 재미있고 우쭐했어요. 하지만 친구의 입장을 생각하지 않고 함부로 말하고 놀리다 보니 내가 진짜 나쁜 사람이 된 것 같아 창피했어요.
친구1, 친구2 역할을 한 학생	예 성준이를 따라 현욱이를 놀리고 별명을 불렀는데 언젠가는 나도 놀림을 받을 수 있다는 생각에 불안했어요. 친구의 이름을 함부로 바꿔 부르며 재미있어 한 점이 후회도 됐고요.

51쪽 느낌 · 생각

2

현욱이의 마음
예 창피하고 어디론가 숨고 싶습니다.

현욱이의 마음
예 뿌듯하고 기분이 좋습니다.

3 배려

52쪽 일반화

1

놀림받는 친구 도와주기

아픈 친구 도와주기

준비물 빌려주기

슬픈 친구 위로해 주기

2 예

언제	지난 주 금요일
어디서	우리 반 교실
어떻게	친구가 준비물을 가져오지 않아서 빌려 주었다.
그때 자신의 기분	고마워하는 친구를 보니 기분이 뿌듯하고 좋았다.

53쪽 창의성

1 (앞부분 생략)

예 첫째, 친구를 놀리지 않겠습니다.

둘째, 준비물을 안 가져온 친구에게 준비물을 빌려주겠습니다.

셋째, 친구에게 기분 나쁜 일이 생기면 위로해 주겠습니다.

B-2 친구야! 나들이 가자

55쪽 배경지식

1 예 가족, 김밥, 도시락, 친구, 현장 학습 등 나들이와 관련된 것을 적어 봅니다.

2 붙임 딱지로 동물원을 자유롭게 꾸며 봅니다.

56쪽 낱말 익히기

1

2 예 친구가 준비물을 빌려주지 않아 서운하다.

예 현장 학습에서 즐거운 추억을 많이 만들고 왔다.

예 내 부탁을 꼭 들어주면 좋겠다.

글의 종류 알기

1 부탁하는 내용, 부탁하는 까닭

57쪽 내용 파악하기

1 주형이가 서진이에게 쓴 글

2 함께 동물원으로 나들이를 가자고 부탁하고 있습니다.

3 싸운 뒤 화해하기 위해서

58쪽 내용 정리하기

1 (○) ( ) (○)

느낌·생각

1 예 / 예 / 예 / 예

2 예 주형이에게

　　주형아, 나도 너에게 미안했어. 먼저 사과해 줘서 고마워. 이번 주말에 함께 동물원에 가서 즐거운 추억 만들자.

　　　　　　　　　　　　　　　　서진이가

59쪽 일반화

1 예

부탁할 사람	부모님
부탁할 내용	맛있는 간식을 만들어 주세요.
부탁하는 까닭	맛있는 간식을 먹으면 더욱 힘이 날 것 같아요.

부탁할 사람	친구
부탁할 내용	준비물을 잘 빌려주면 좋겠어.
부탁하는 까닭	네가 준비물이 없을 때는 내가 빌려줄게. 서로 도우며 학교생활을 하면 더 즐거울 것 같아.

2 예 진호에게

　　지난 번 받아쓰기 시험 볼 때 네가 지우개를 빌려주지 않아서 무척 서운했어. 지우개가 없어서 글자를 잘 쓰지 못했거든. 준비물이 없을 때 서로 빌려준다면 우리는 더 좋은 친구가 될 수 있을 것 같아. 나도 앞으로 지우개 놀이를 하다가 잃어버리는 일이 없도록 할게. 또 네가 준비물이 없을 때 꼭 빌려줄게.

B-3 친구들의 별명을 불러도 될까요

61쪽 배경지식

1 예 척척박사, 돼지, 공주, 전봇대, 뺑뺑이, 방구대장 등

2 예 축구왕 / 박사

62쪽 문제 알기

1 예 대통령 / 저의 꿈은 대통령이기 / 대통령 / 기분이 정말 좋을 것

2 예 이진호 / 문방구 / 가방 안에 온갖 학용품이 들어 있기 때문입니다.

예 성미영 / 번개 / 달리기를 잘하기 때문입니다.

63쪽 문제 알기

3 1 멸치

2 멸치라고 부르는 게 기분이 나빠서

3 별명을 부르면 더 친해지는 것 같아서

64쪽 문제 해결 방법 알기

1 ×, ○, ○, ○, ×

65쪽 문제 해결 방법 알기

2

▪ 친구와 더 친하게 지낼 수 있습니다.	☺
▪ 친구가 기분 나빠 할 수도 있습니다.	😣
▪ 친구들의 개성을 나타낼 수 있습니다.	☺
▪ 바르고 고운 말을 적게 사용할 수 있습니다.	😣
▪ 친구가 나를 더 오래 기억할 수 있습니다.	☺
▪ 이름보다 외우기 쉽습니다.	☺
▪ 친구의 겉모습을 놀리게 될 수 있습니다.	😣

3 자신의 생각에 ○ 해 봅니다.

66쪽 초고 쓰기

1 1 예 부르면 안 된다.

별명 부르기, 이제 그만

2 예

언제	운동회 때
어디서	운동장에서
어떤 일이 있었나요?	달리기 시합에서 꼴찌를 해서 친구들이 거북이라고 놀렸다.
그때의 기분은 어땠나요?	창피하고 기분이 매우 안 좋았다.

67쪽 초고 쓰기

3 예 '친구들의 별명을 부르면 안 된다'에 대한 생각 그물: 친구가 기분 나빠 할 수 있다. / 친구와 사이가 안 좋아진다. / 친구의 겉모습을 놀리게 된다. / 나쁜 말을 쓰게 된다. 등

4 예 친구의 기분이 나빠져서 사이가 멀어지게 된다. / 부르면 안 된다.

68쪽 글쓰기

1 예 제목: 별명 부르기, 이제 그만!

나는 운동회 때 달리기 시합에서 꼴찌를 해서 친구들에게 거북이라고 놀림을 받았다. 그래서 너무 창피하고 기분이 안 좋았다. 그러므로 나는 별명을 부르면 안 된다고 생각한다.

그 까닭은 첫째, 별명을 부르면 친구의 나쁜 점을 말하게 돼서 친구의 기분이 상하게 된다.

둘째, 친구의 기분이 상하게 되면 친구와 싸우게 되고 결국 사이가 멀어지게 된다.

셋째, 별명은 대부분 고운 말이 아니어서 나쁜 말을 쓰게 된다.

이렇게 친구의 별명을 부르면 친구의 기분이 나빠져 사이도 멀어지고 나쁜 말까지 쓰게 된다.

그러므로 친구의 별명을 부르면 안 된다.

69쪽 작품화 하기

1 예 친구의 긍정적인 모습을 그려 넣어 봅니다.

2 예 이연우 / 시계 / 약속 시간을 잘 지키기

C 함께하는 우리

C-1 눈 치울 사람 여기 모여라

73쪽 배경지식

1 눈싸움, 눈사람 만들기, 눈썰매 타기 등 눈 오는 날과 관련된 것들을 씁니다.

2 예 여자아이: 할머니, 이렇게 쓸면 돼요?

할머니: 그래, 잘하고 있구나. 미끄러지지 않게 조심해서 쓸고, 다 쓸고 나면 한쪽 구석으로 모으면 된단다.

74쪽 낱말 익히기

1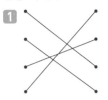

2 얼어붙기 / 엉덩방아

75쪽 예측하기

1

준석이

경비 아저씨

준석이의 아버지

동네 사람들

2 예

눈이 많이 내리면 좋은 점	눈이 많이 내리면 나쁜 점
눈사람 만들기, 눈싸움 하기 등 재미있는 놀이를 할 수 있어.	길이 미끄러워 조심해서 걸어야 하고, 길이 많이 막혀.

예시를 참고해 그림으로 표현하고, 하고 싶은 말을 말풍선에 적으면 됩니다.

76쪽 내용 파악하기

1 예 도로에 눈이 쌓이면 자동차들이 느리게 다니고 길도 막혀 회사에 늦을 수 있기 때문입니다.

77쪽 내용 파악하기

2 눈이 쌓이고 난 뒤에는 얼어붙기 쉽기 때문에

78쪽 내용 파악하기

3 경비 아저씨들이 눈을 제때 쓸지 않아 쌓인 눈이 어는 바람에 미끄러졌다고 생각했기 때문입니다.

79쪽 내용 파악하기

4 주택에 사는 사람들은 내 집 앞에 쌓인 눈을 내가 치워야 한다고 생각하고, 아파트에 사는 사람들은 눈이 쌓이면 경비 아저씨들이 치우시면 된다고 생각하기 때문입니다.

5 부끄러운 마음, 죄송한 마음, 함께 눈을 치워야겠다는 마음 등

80쪽 내용 정리하기

1 1

언제	봄, 여름, 가을, (겨울)
어디에서	학교, (동네) 시장, 기차역

2

3 경비 아저씨 / 하얀 눈 / 거북이 / 화 / 빗자루

81쪽 일반화

1 ⑩ 행복 동네 / 동네 사람들이 함께 눈을 쓸며 행복이 싹트기 때문입니다.

2 ⑩ 길은 얼어붙어 매우 미끄러웠습니다. 준석이는 넘어질까 봐 발에 힘을 잔뜩 주고 걸었습니다. 여기저기에서 넘어지는 사람들이 많았습니다. 동네 사람들은 경비 아저씨 혼자 눈을 치우게 한 것을 미안해하며 다음부터는 함께 눈을 치우는 게 좋겠다고 생각했습니다.

82쪽 창의성

1 ⑩ 털모자, 장갑, 핫팩, 목도리, 따뜻한 음료 등 추위를 녹일 수 있는 것을 그려 봅니다.

2 ⑩ 경비 아저씨께

경비 아저씨, 안녕하세요. 저 준석이예요. 경비 아저씨께서 눈이 오는 날이면 항상 깨끗하게 눈을 치워 주셔서 동네 사람들이 안전하게 다닐 수 있었어요. 책에서 읽었는데 몇 년간 지구 온난화 때문에 눈이 많이 왔고, 앞으로도 더 자주 많이 올 것이라고 해요. 이제부터 저도 눈이 올 때마다 경비 아저씨를 도와 눈을 쓸게요.

C-2 도서관에서 생긴 일

84쪽 배경지식

1 (○) ( ) / ⑩ 조용한 곳이 집중하여 책을 읽기 좋기 때문입니다.

낱말 익히기

1

85쪽 낱말 익히기

2 기특하다 / 찢다 / 지나치다 / 이르다

86쪽 예측하기

2 ⑩ 여러 사람이 보는 책이기 때문에 책을 찢는 것은 옳지 않은 행동이라고 생각했을 것입니다.

3 ⑩ 수재와 영재가 도서관에서 떠들어서 선생님께 혼나는 이야기일 것입니다.

87쪽 내용 파악하기

1 책에서 재미있는 부분을 계속 보고 싶어서

88쪽 내용 파악하기

2 여러 사람들이 함께 보는 책이기 때문에 / 재미있는 부분을 다른 친구들이 볼 수 없기 때문에

89쪽 내용 파악하기

3 도서관에서 떠들고, 책을 찢어서

90쪽 내용 정리하기

1

➡ 수재와 영재는 도서관 책을 찢어서 가지고 갔습니다.

➡ 교장 선생님께서 도서관을 화면으로 지켜보셨습니다.

➡ 수재와 영재는 선생님께 혼났습니다.

2

91쪽 느낌 · 생각

1 ⑩ 네가 책을 찢어서 가져가면 다른 사람들이 즐겁게 책을 볼 수 없어.

2 ⑩ 위 어린이는 도서관 책을 소중히 여기고, 친구의 잘못을 깨우쳐 주었습니다.

92쪽 **일반화**

1

창의성

1 영재가 공익을 실천하는 어린이라면 도서관 책을 찢지 않았을 것입니다. 이러한 내용으로 만화를 완성해 봅니다.

C-3 집 앞의 눈은 치워야 하나요?

94쪽 **배경지식**

1

2 (예) 엉덩이가 아플 것 같습니다. / 창피할 것 같습니다.

95쪽 **문제 알기**

1 (예) (○) ( )
까닭: 눈이 없는 거리가 안전해 보이기 때문입니다.
(예) ( ) (○)
까닭: 눈이 쌓인 거리를 걸으면서 눈싸움을 할 수 있기 때문입니다.

2 1 집 앞의 눈을 치우자고 하였습니다.
2 자신의 의견에 ○ 해 봅니다.

96쪽 **문제 해결 방법 알기**

1 1 (예) 환경미화원의 수고를 덜어 줄 수 있습니다. / 넘어지는 사람이 줄어듭니다.
2 (예) 눈 쌓인 풍경을 감상할 수 있습니다. / 친구들과 눈싸움을 할 수 있습니다.

2

■ 눈길에서 다치는 사람이 줄어듭니다.	○
■ 눈을 쓰는 데 힘이 듭니다.	×
■ 눈 쌓인 길을 볼 수 없습니다.	×
■ 안전하게 길을 다닐 수 있습니다.	○
■ 환경미화원의 수고를 덜어 줄 수 있습니다.	○

97쪽 **문제 해결 방법 알기**

3 1 ○   2 ×   3 ×   4 ○

98쪽 **초고 쓰기**

1 1 (예) 나의 생각: 집 앞의 눈은 치워야 한다.
제목: 우리 집 앞의 눈은 내 손으로

2 (예)

언제	학교에 가는 길에
어디서	골목길에서
어떤 일이 있었나요?	눈을 밟고 미끄러졌다.
어떤 기분이 들었나요?	무척 아프고 속상했다.

99쪽 **초고 쓰기**

3 자신의 생각을 뒷받침할 수 있는 까닭을 생각 그물에 써 봅니다.
4 (예) 많은 사람에게 도움이 된다. / 치워야 한다.

100쪽 **글쓰기**

1 (예) 제목: 우리 집 앞의 눈은 내 손으로

나는 눈 오는 날을 무척 좋아한다. 눈을 가지고 할 수 있는 재미있는 놀이가 많기 때문이다. 또 하얀 눈이 만들어 내는 풍경은 참 멋지다. 그러나 작년 우리 할머니께서 눈길에 미끄러지신 이후로 나는 눈에 대한 생각이 바뀌었다. 할머니는 시장에 가시다가 쌓인 눈이 얼어붙은 빙판길에 미끄러지셔서 다리가 부러지셨다.

따라서 나는 집 앞의 눈은 치워야 한다고 생각한다.

그 까닭은 첫째, 사람들이 안전하게 길을 다닐 수 있기 때문이다. 눈 쌓인 길에서 거북이처럼 느리게 걷지 않아도 다치는 사람들이 줄어들 것이다.

둘째, 거리를 청소하는 환경미화원이나 공사하시는 분들이 더 안전하게 일을 할 수 있게 된다.

한 사람이 모든 길을 치우기는 참 힘든 일이다. 하지만 우리 집 앞의 눈을 각자 치우는 것은 힘든 일이 아니라고 생각한다.

그러므로 집 앞의 눈은 꼭 치웠으면 좋겠다.

101쪽 작품화 하기

1 예 눈이 쌓인 거리의 모습, 눈사람을 만드는 모습 등 시와 어울리는 그림을 그려 봅니다.

D 하나뿐인 지구

D-1 지구가 아파요

105쪽 배경지식

1

2 예 학교에 갈 수 없습니다. / 친구와 놀 수 없습니다. / 좋아하는 놀이를 할 수 없습니다.

3 1 예 공장에서 흘러나온 더러운 물 때문에
2 예 불쌍합니다.

106쪽 배경지식

4
■ 지구는 네모난 모양입니다.	
■ 지구에는 인간만 살고 있습니다.	
■ 우주에서 본 지구는 푸른색으로 보입니다.	⭐
■ 우리는 지구를 깨끗하게 사용해야 합니다.	⭐
■ 지구는 점점 추워지고 있습니다.	

5 예 지구가 아픈 내용일 것 같습니다.

107쪽 낱말 익히기

1
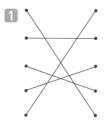

2 예 엄마가 동생을 보살피다.
예 어른들의 마음을 헤아리기는 어렵다.
예 방 안의 온도가 낮다.

108쪽 내용 파악하기

1 1 ○   2 ×   3 ○   4 ○

109쪽 내용 파악하기

2 예 사람들이 나무를 함부로 베어 내고 공장을 지어 물건을 만들면서 연기를 뿜어 냈기 때문입니다. 또 가축을 키우면서 해로운 물질을 내보냈기 때문입니다.

110쪽 내용 파악하기

3 므두셀라의 눈물이 땅에 떨어지자 초록 불빛이 빛났습니다. 그 불빛은 나무들이 뿌리를 내리게 하고, 공장 기계와 자동차를 멈추게 하고, 떠났던 동물들이 돌아오게 했습니다.

111쪽 내용 정리하기

1 1

2 예 지구는 너무 아파 열이 나고 지쳤어요.
므두셀라의 눈물이 땅에 떨어지자 초록 불빛이 반짝였어요.

2 예 지구 지킴이 / 아픈 지구를 낫게 해 주었기 때문에

112쪽 느낌·생각

1 잿빛을 몰아내고 하늘과 땅, 바다를 두루두루 비추었습니다. 덕분에 지구는 곤충, 식물, 동물, 사람을 위해 다시 일을 할 힘을 얻었습니다.

2
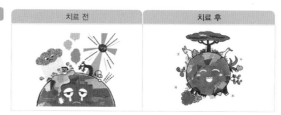

3 예 지구는 더 이상 회복하지 못하고 죽을 것입니다. / 지구는 병원에 입원하여 영양 주사를 맞을 것입니다.

113쪽 느낌·생각

4

5 예 ( ) (○)
건강한 지구에서 인간도 건강하게 살아갈 수 있기 때문입니다.

114쪽 일반화

1

쓰레기를 함부로 버리지 않는다.	○
일회용품을 계속 사용한다.	×
분리수거를 열심히 한다.	○
화단의 풀과 꽃을 밟는다.	×
산에 나무를 심는다.	○

2 예 아름다운 자연의 모습을 그려 봅니다.

115쪽 창의성

1 예 급식을 남기지 않겠습니다.
일회용품을 사용하지 않겠습니다.
분리수거를 잘하겠습니다.

D-2 갯벌의 생물

117쪽 배경지식

1 예 갯벌에서 조개를 캐던 일, 바다에서 수영을 한 일, 모래사장에서 모래성을 쌓은 일 등 바다와 관련된 것 등으로 생각 그물을 완성해 봅니다.

2 ( ) ( ) (○)

118쪽 낱말 익히기

1

예측하기

1 예 불가사리 모습, 갯지렁이 모습 등 글과 어울리는 동물을 그려 봅니다.

119쪽 내용 파악하기

1 갯벌

2 지구의 청소부

120쪽 내용 파악하기

3 조개, 굴 등

4 산소, 바닷물

121쪽 내용 파악하기

5 조력 발전소와 간척지를 만들어서

122쪽 내용 정리하기

1 1 갯벌의 생물

2
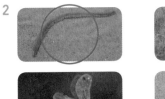 

3 갯벌의 생물이 살 수 없습니다. / 지구의 청소부 역할을 할 수 없습니다.

느낌·생각

1 (○) ( )

2 예 조개, 게 등을 관찰하고 싶습니다.

123쪽 창의성

1 예
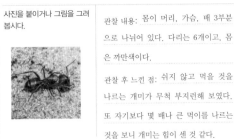

관찰한 것 _____ 개미 _____

사진을 붙이거나 그림을 그려 봅시다.

관찰 내용: 몸이 머리, 가슴, 배 3부분으로 나뉘어 있다. 다리는 6개이고, 몸은 까만색이다.

관찰 후 느낀 점: 쉬지 않고 먹을 것을 나르는 개미가 무척 부지런해 보였다. 또 자기보다 몇 배나 큰 먹이를 나르는 것을 보니 개미는 힘이 센 것 같다.

D-3 동물의 삶터 지켜야 할까요

125쪽 배경지식

1 예 사자 / 동물의 왕이기 때문에

2 예 산에 살고 있습니까?
사람이 먹을 수 있습니까?
어떤 색을 가지고 있습니까?

126쪽 문제 알기

1

2 예 이리저리 살 곳을 찾아다닐 것 같습니다. / 먹을 것과 잠잘 곳이 없어집니다. / 새끼를 키울 곳이 없어집니다.

128쪽 문제 해결 방법 알기

1 1 골프장이 되어 자동차와 사람들이 많아졌습니다.

2 예 먹을 것과 쉴 곳이 없어져 무척 불편하고 화가 날 것 같습니다.

2 숲의 파괴와 자동차 매연 등으로 인해 지구의 온도가 상승했기 때문에

3 자신의 생각과 같은 것에 ○ 해 봅니다.

129쪽 문제 해결하기

1
■ 산에 나무를 심는다.	○
■ 강가의 쓰레기를 줍는다.	○
■ 산을 깎아 내고 공장을 짓는다.	△
■ 바닷물을 메워 땅을 만든다.	△
■ 숲 속의 나무를 베어 종이를 만든다.	△
■ 동물을 사랑하는 마음을 갖는다.	○
■ 경치가 좋은 곳에 놀이공원을 만든다.	△

2 예
좋은 점	나쁜 점
• 동물들이 깨끗한 환경에서 살아갈 수 있습니다. • 여러 가지 동물과 식물을 볼 수 있습니다.	• 편리한 시설(도로, 댐)을 이용하지 못할 수 있습니다.

130쪽 초고 쓰기

1 1 예 지켜야 한다. / 집을 잃은 동물이 겪는 어려움
예 지키지 않아도 된다. / 우리가 원하는 편리한 삶

2 예 글 (가): 아파트 공사로 인해 청설모가 살아갈 곳을 잃고 수가 줄어들었다.
글 (나): 자동차 공장이 생기면서 동물들은 살 곳을 잃었지만 사람들은 편리해졌다.

131쪽 초고 쓰기

3 예 자신의 생각을 뒷받침할 수 있는 까닭으로 생각 그물을 완성해 봅니다.

4 예 그러므로 동물의 삶터는 지켜 주어야 한다. 동물이 살아갈 수 없는 곳에서는 인간도 살 수 없기 때문이다.
예 그러므로 동물의 삶터는 지켜 줄 필요가 없다. 동물보다 우리의 편리한 삶이 더 소중하기 때문이다.

132쪽 글쓰기

1 예 제목: 집을 잃은 동물이 겪는 어려움

지난 40년 동안 세계 야생 동물 50%가 사라졌다고 한다. 따라서 나는 동물의 삶터는 지켜져야 한다고 생각한다.

그 까닭은 첫째, 집을 잃은 동물들은 먹고 살 곳이 없기 때문이다. 동물이 살아갈 곳을 잃게 되면 그 수가 줄어들게 된다.

둘째, 동물이 살지 못하는 곳에서는 사람도 살아갈 수 없다. 깨끗하고 맑은 물, 울창한 숲에서 동물들이 살 수 있도록 해야 한다.

그러므로 동물의 삶터는 지켜야 한다. 산에 나무를 많이 심고, 강과 바다의 물을 깨끗하게 지키려는 노력을 통해 인간과 동식물이 함께 살아갈 수 있는 지구를 만들도록 해야겠다.

133쪽 작품화 하기

1

예 우리 가족이 안전하고 행복하게 살 수 있도록 숲을 사랑하고 보호해 주어서 정말 고마워요.

출 처

■ 글
● 〈뾰족뾰족 고슴도치 치치〉, 이주영 / 12쪽
● 〈2014년 글사랑의 샘〉, 장영빈, 대전학생교육문화원 / 24쪽
● 〈이런 별명 어때〉, 이주영 / 44쪽
● 〈눈 치울 사람 여기 모여라〉, 이주영 / 76쪽
● 〈눈〉, 윤동주 / 101쪽
● 〈지구가 아파요〉, 이주영 / 108쪽

■ 이미지
● 〈헬렌켈러〉 사진, U.S. Embassy New Delhi, flickr / 32쪽
● 〈반기문〉 사진, LinkedIn Pulse, flickr / 32쪽
● 〈에디슨〉 사진, Public.Resource.Org, flickr / 32쪽
● 〈휴보〉 사진, KAIST / 64쪽
● 〈불가사리〉 사진, James St. John, flickr / 120쪽
● 〈흰물떼새〉 사진, Michele Lamberti, flickr / 121쪽
● 〈사자〉 사진, Mario Micklisch, flickr / 122쪽, 126쪽
● 〈잠자리〉 사진, Joi Ito, flickr / 122쪽
● 〈꿀벌〉 사진, regexman, flickr / 123쪽
● 〈개미〉 사신, Jerry Kirkhart, flickr / 126쪽
● 〈개구리〉 사진, Vlastimil Koutecky, flickr / 126쪽
● 〈다람쥐〉 사진, pamsai, flickr / 126쪽
● 〈북극곰〉 사진, Christopher Michel, flickr / 128쪽

10쪽

틈이나 간격이 매우
좁거나 작게.

입을 살짝 벌리고
소리 없이 밝게
웃는 모양.

 17쪽

루루   투투

치치가 루루를 온몸으로 감싸 보호했어요.

엄마는 치치가 자랄수록 스스로 고슴도치도 충분히 멋지다는 사실을
깨닫게 될 것이라고 말씀하셨어요.

루루가 고마워하며 치치의 뾰족뾰족 가시가 갑옷처럼 멋지다고 이야
기하자 치치의 마음에 무지개가 떴어요.

 20쪽

 33쪽

49쪽

집에 돌아온 현욱이는 '2학년 2반 친구들 별명 짓기' 공책을 만들었습니다.

현욱이가 화장실에서 대변을 보는데 짓궂은 성준이와 몇몇 아이들이 현욱이를 '똥현욱', '똥쟁이'라고 놀렸습니다.

선생님께서 현욱이를 칭찬하시고, 현욱이에게 '변 작가님'이라는 별명을 지어 주셨습니다.

쉬는 시간에 현욱이 짝꿍 민지가 '2학년 2반 친구들 별명 짓기' 공책을 발견하고 친구들에게 이야기했습니다.

55쪽

65쪽

EBS 논술톡 2학년 붙임 딱지 ③

 75쪽

 80쪽

 106쪽

 112쪽

133쪽